BAŞLANGIÇLAR İÇİN EKMEK PİŞİRME YEMEK KİTABI

Merakınızı gidermek ve ekmek pişirme sanatında usta olmak için tam renkli resimlerle 100 inanılmaz tarif

Nilüfer Demirci

Tüm hakları Saklıdır.

sorumluluk reddi

Bu eKitapta yer alan bilgiler, bu eKitabın yazarının hakkında araştırma yaptığı kapsamlı bir stratejiler koleksiyonu olarak hizmet etmek içindir. Özetler, stratejiler, ipuçları ve püf noktaları yalnızca yazar tarafından tavsiye edilir ve bu e-Kitabı okumak kişinin sonuçlarının yazarın sonuçlarını tam olarak yansıtacağını garanti etmez. E-Kitabın yazarı, e-Kitabın okuyucularına güncel ve doğru bilgiler sağlamak için tüm makul çabayı göstermiştir. Yazar ve ortakları, bulunabilecek herhangi bir kasıtsız hata veya eksiklikten sorumlu tutulamaz. E-Kitaptaki materyal üçüncü şahısların bilgilerini içerebilir. Üçüncü taraf materyalleri, sahipleri tarafından ifade edilen görüşleri içerir. Bu nedenle, e-Kitabın yazarı herhangi bir üçüncü taraf materyali veya görüşü için sorumluluk veya yükümlülük üstlenmez.

İÇİNDEKİLER

İÇİNDEKİLER 3

GİRİİŞ 8

EKŞİ MAYALI EKMEKLER 10

1. YULAF EKŞI MAYASI 11
2. PATATES EKŞI HAMURU 13
3. MERCIMEK EKŞI MAYASI 15
4. İTALYAN 18
5. BIBERIYELI EKMEK 21
6. PEYNIR VE SUSAMLI EKMEK 24
7. YEŞIL ÇAYLI EKŞI MAYALI EKMEK 27
8. İNGILIZ BUĞDAY EKŞI MAYALI EKMEK 29
9. HAVUÇLU EKMEK 32
10. ZEYTINLI EKMEK 35
11. YULAF EKMEĞI 38
12. MERCIMEK EKMEĞI 40
13. TATLI KARLSBAD EKMEĞI 42
14. GUGELHUPF 45
15. TATLI ÇÖREK 48
16. BUĞDAY ÇÖREKLERI 51

ÇAVDAR EKMEĞİ 54

17. ÇAVDAR EKMEĞI 55
18. LEVAIN 57
19. ÇAVDAR CIABATTA 60
20. FRANSIZ KÖYLÜ EKMEĞI 63
21. FINDIKLI EKMEK 66

22. Rus Tatlı Ekmeği 69

23. Danimarka Çavdar Ekmeği 71

24. Cevizli Ekmek 74

25. Portakallı Spelled Ekmek 77

26. Anasonlu Ekmek 80

27. Ayçiçeği Ekmeği 83

28. Bira Ekmeği 86

29. Çıtır Çavdar Ekmeği 89

30. Lezzetli Çıtır Ekmek 91

31. İnce Krakerler 94

32. Patates Ekmeği 96

HUZURLU EKMEK 99

33. Spelled Ekşi Hamur 100

34. Gail'in Pirinci ve Buğday Unu Ekmeği 103

35. Spelled Mayalı Ekmek 105

IZGARA EKMEK 108

36. Pastırma Çedarlı Izgara Ekmek 109

37. Peperonata Izgara Ekmek 111

38. Domatesli Izgara Ekmek 115

39. Izgara Ekmek ve Domates 118

40. Izgara Ekmek ve Guacamole 120

41. Ördek Yağı ile Izgara Ekmek 122

42. Patlıcanlı Izgara Ekmek 124

43. Izgara Kakule Nan Ekmeği 127

44. Izgara Kaşarlı Üzümlü Ekmek 130

45. Izgara Peynirli Ekmek Lokumu 133

46. Izgara Patates Köftesi 135

47. Izgara Fransız Ekmeği 138

48. SPAM IZGARA PEYNIR KAHRAMANI.............................. 140

49. IZGARA PANINI.. 142

50. IZGARA ÇIFTLIK EKMEĞI.. 145

51. OTLU SOĞAN IZGARA EKMEĞI..................................... 147

52. BIBERLI IZGARA SARIMSAKLI EKMEK............................ 150

53. SOFRITO IZGARA EKMEĞI... 152

54. YUMURTA SARILI IZGARA PORCINI 154

55. IZGARA MISIR EKMEĞI.. 156

ÇÖREK... 158

56. AMERIKAN TATLISI... 159

57. ÖRGÜLÜ BÖREK... 163

58. MEYVE VE FINDIKLI BÖREK.. 167

59. VANILYALI TATLI.. 170

60. PATATES "BÖREK".. 174

PİDE EKMEK... 177

61. TEMEL PIDE 178

62. DANA PIDE... 181

63. ALTIN PIDE EKMEĞI 186

64. EV YAPIMI YUNAN PIDESI 189

ODAK... 193

65. ELMA ÇEŞITLERI... 194

66. TEMEL ODAKLAR 199

67. FESLEĞEN SARMAL ÇEŞITLERI 203

68. EKMEK MAKINESI ODAKLARI...................................... 207

69. PEYNIR ÇEŞITLERI.. 210

70. KOLAY OT ÇEŞITLERI 213

71. FOCACCIA-VEJETARYEN 216

72. OTLU SOĞAN ÇEŞITLERI.. 218

FILIZLENMIŞ EKMEK 221

73. KABAK ÇEKIRDEĞI YONCA FILIZLI EKMEK 222
74. FILIZ EKMEĞI 224
75. BUĞDAY FILIZLI EKMEK 227

GÖZLEME 230

76. ISPANAKLI EKMEK 231
77. PEYNIRLI VE OTLU PIDE 234
78. KABUKLU MISIRLI PIDE 237
79. ETIYOPYA PIDESI (INJERA) 240
80. İTALYAN PIDESI (FOCACCIA) 243

TORTILLA 246

81. MAVI MISIR EKMEĞI 247
82. PEYNIR VE MISIR EKMEĞI 251
83. MISIR EKMEĞI 253
84. YAĞSIZ UN EKMEĞI 256
85. EV YAPIMI UN EKMEĞI 259
86. AZ YAĞLI TORTILLA CIPSLERI 262
87. İSPANYOL TORTILLA 264
88. TAM BUĞDAY EKMEĞI 266

MISIR EKMEĞİ 269

89. APPALACHIAN MISIR EKMEĞI 270
90. MAVI MISIR EKMEĞI 273
91. PEYNIRLI MISIR EKMEĞI 276
92. KARAYIP HABANERO MISIR EKMEĞI 279
93. HAVUÇLU MISIR EKMEĞI 282
94. BROKOLI MISIR EKMEĞI 285
95. FESLEĞENLI MISIR EKMEĞI 287

96. TEMEL MISIR EKMEĞI 290

97. ŞILI PEYNIRLI MISIR EKMEĞI 293

98. KARABIBERLI MISIR EKMEĞI 296

99. SIYAH TAVADA MISIR EKMEĞI.. 299

100. APPALACHIAN MISIR EKMEĞI 302

ÇÖZÜM 305

GİRİİŞ

ekmek nedir?

Ekmek, tarih boyunca yenen gerçekten basit bir besindir. Bunu keşfeden eski Mısırlılardan, hamurlarını toplu olarak yerel fırına getiren ve hatta Fransa'da ulusal bir devrime neden olan İngiliz köylülere kadar. Ekmek, çok sevilen önemli ama lezzetli bir besindir.

Nasıl ekmek yaparsın?

Ekmek tarifleri çok az malzemeyle hazırlanabilir: tipik olarak maya; buğday veya buğday olmayan un (veya glütensiz ikameler); su veya diğer sıvılar; ve isteğe bağlı olarak tuz. Bu kısa listeye, tarifler arasında yumurta, süt, tereyağı, tatlandırıcılar ve buğday olmayan taneler gibi hamurun yapısına eklenen çeşitli ilginç malzemeler dahil edilebilir. Binlerce benzersiz çeşit oluşturmak için tohumlar, kabuklu yemişler veya kuru meyveler gibi diğerleri hamurun yapısı oluşturulduktan sonra eklenebilir. Bu bileşenler, Baker's Percentage Metodu ile veya sadece ağırlık ve/veya hacim ile una yüzde oranı olarak ifade edilir.

Ekmek nereden geldi?

Efsaneye göre, Eski Mısır'da ıslak buğday, muhtemelen kazara ılık bir taş üzerinde bırakılmıştır. Birkaç saat sonra çiftçi geri döndüğünde karışımın kabardığını gördü. Mısırlılar, ilk ekmek tariflerine rastlamak için pişirme ve tuz eklemeyi denediler. Ekmeğin en erken belirtileri MÖ 9500 yıllarına tarihlenmektedir.

Bu dönemde buğday ve diğer tahılların ekildiği bilinmektedir. Bu zamana kadar insanlar ateşle pişirme konusunda kendilerine güveniyorlardı, bu nedenle bir çeşit somun veya rulo üretilmesini beklerdik, ancak %100 kanıtlanmış değil.

Yunanistan'da MÖ 1700'e dayanan ticari fırınlar keşfedildi. Ekmek tarihi hakkında daha fazla bilgi edinmek istiyorsanız The Spruce Eats'da ilginç bir makale var.

EKŞİ mayalı EKMEKLER

1. Yulaf Ekşi Maya

İçindekiler

- 1 su bardağı (200 ml) yulaf ezmesi

- $\frac{1}{4}$ su bardağı (50 ml) su, oda sıcaklığı

- 2 elma, soyulmuş ve rendelenmiş

Talimatlar

a) Yulafları una benzer bir kıvama gelinceye kadar blenderdan geçirin.

b) Malzemeleri birleştirin ve sıkıca oturan kapaklı bir cam kavanozda 2-4 gün bekletin. Sabahları ve akşamları karıştırın.

c) Karışım köpürmeye başladığında marş hazırdır. Bu noktadan sonra tek yapmanız gereken, hamurun lezzetini ve mayalanma kabiliyetini koruması için hamuru "beslemektir". Ekşi mayayı buzdolabında bırakırsanız haftada bir kez $\frac{1}{2}$ su bardağı (100 ml) su ve 1 su bardağı (100 gr) yulaf unu ile yedirmelisiniz. Ekşi maya oda sıcaklığında tutulursa her gün aynı şekilde yedirilmelidir. Tutarlılık kalın yulaf lapasına benzemelidir.

d) Ekşi mayanız kaldıysa yarım su bardağı olan kaplarda dondurabilirsiniz.

2. Patates Ekşi Mayası

İçindekiler

- 2 orta boy patates, soyulmuş
- 1 çay kaşığı bal
- 1 yemek kaşığı kepekli un, elenmiş

Talimatlar

a) Patatesleri yulaf ezmesine benzeyene kadar karıştırın. Bal ve yazıldığından unu karıştırın.

b) Karışımı sıkıca oturan bir kapakla bir kavanozda saklayın. Sabahları ve akşamları karıştırın.

c) Bu hamur mayası yapmak genellikle diğerlerinden biraz daha uzun sürer, ancak kesinlikle ekstra zamana değer. Tamamlanması 5-7 gün sürer.

d) Karışım köpürmeye başladığında marş hazırdır. Bu noktadan sonra tek yapmanız gereken, hamurun lezzetini ve mayalanma kabiliyetini koruması için hamuru "beslemektir".

3. Mercimek Ekşi Mayası

İçindekiler

1.gün

- $\frac{1}{2}$ su bardağı (100 ml) kuru yeşil mercimek

- $\frac{1}{2}$ su bardağı (100 ml) su, oda sıcaklığında

- 1 yemek kaşığı kepekli un, elenmiş

2. gün

- $\frac{1}{2}$ su bardağı (100 ml) su, oda sıcaklığında

Talimatlar

a) Mercimekleri una benzemeye başlayana kadar el blenderi ile karıştırın. Su ve kepekli un ekleyin.

b) Karışımı sıkıca kapanan kapaklı bir kavanoza dökün.

c) Suyu ekleyin. İyice karıştırın ve 2-4 gün cam kavanozda bekletin. Sabahları ve akşamları karıştırın. Karışım köpürmeye başladığında marş hazırdır. Bu noktadan sonra tek yapmanız gereken, hamurun lezzetini ve mayalanma kabiliyetini koruması için hamuru "beslemektir".

d) Bir cam kavanozun altını organik kuru üzümle kaplayın. Kavanozun yaklaşık üçte ikisi dolacak şekilde ılık su ekleyin. Sıkı oturan bir kapakla sabitleyin.

e) Kavanozu, gözle görülür maya kabarcıkları görünene kadar yaklaşık 6-7 gün oda sıcaklığında bırakın. İlk işlem odanın sıcaklığına bağlı olarak değişebilir.

f) Karışımı karıştırın. Hava geçirmez bir kavanoza koyun ve oda sıcaklığında 3 gün bekletin.

g) Ekşi mayanızı da kurutabilirsiniz. Bir fırın tepsisine bir parşömen kağıdı yerleştirin. İnce bir hamur mayası tabakası (1-2 mm) ile kaplayın. Fırına koyun ve fırının ışığını açın. Ekşi hamur tamamen kuruyana kadar fırında bırakın (bu on iki ile yirmi saat arasında sürecektir). Daha sonra kuru hamuru ufalayın, bir kavanoza koyun ve bir kapakla kapatın. Kavanozu oda sıcaklığında kuru bir ortamda saklayın.

h) Pişirmeye hazır olduğunuzda kuru hamurdan birkaç yemek kaşığı 1 su bardağı (200 ml) su ve $1\frac{1}{2}$ su bardağı (200 gr) un ile karıştırın. Ertesi gün, "etkinleştirilmiş bir ekşi maya başlatıcınız" olacak.

4. italyanca

3 somun yapar

İçindekiler

1.gün

- ⅔su bardağı (150 g) su, oda sıcaklığı

- 2 su bardağı (250 gr) buğday unu

- 1 ¾ çay kaşığı (5 gr) yaş maya

2. gün

- 9 su bardağı (1,1 kg) buğday unu

- 2 su bardağı (500 ml) su, oda sıcaklığında

- 12 oz. (350 gr) buğday ekşi mayalı marş

- ½-1 yemek kaşığı bal

- ½ yemek kaşığı (10 gr) tuz

Talimatlar

a) Malzemeleri iyice karıştırın. Hamuru buzdolabında yaklaşık 12 saat mayalanmaya bırakın.

b) Bir önceki gün hazırlanan hamura tuz hariç tüm malzemeleri ekleyin. Elastik olana kadar yoğurun ve tuzu ekleyin.

c) Hamuru üç parçaya bölün ve yuvarlak ekmekler yapın. Somunları hafifçe una batırın ve yağlanmış bir fırın tepsisine yerleştirin.

d) Köfteleri buzdolabında yaklaşık 10 saat mayalanmaya bırakın.

e) Somunları 25-30 dakika 475 °F (240 °C) sıcaklıkta pişirin.

5. Biberiyeli Ekmek

1 somun yapar

İçindekiler

- 3 oz. (80 g) buğday ekşi mayalı marş

- 2 su bardağı (250 gr) buğday unu

- ½ su bardağı (125 ml) su, oda sıcaklığında

- 3½ çay kaşığı (10 gr) yaş maya

- 1 çay kaşığı (5 gr) tuz 1 yemek kaşığı zeytinyağı taze biberiye

Talimatlar

a) Yağ ve biberiye hariç tüm malzemeleri pürüzsüz bir hamur elde edene kadar karıştırın. 20 dakika yükselmesine izin verin.

b) Hamuru açın ve yaklaşık onda biri (3 mm) kalınlığında bir dikdörtgen şeklinde şekillendirin.

c) Zeytinyağı ile fırçalayın. Biberiyeyi doğrayın ve hamurun üzerine serpin. Daha sonra hamuru dikdörtgenin kısa kenarından yukarı doğru yuvarlayın. Uçları sabitleyin.

d) Ekmeği yaklaşık 30 dakika mayalandırın ve tüm katmanları görünecek şekilde hamurun ortasına derin bir kesik atın. 10 dakika daha yükselmesine izin verin.

e) İlk fırın sıcaklığı: 475 °F (250 °C)

f) Ekmeği fırına koyun. Fırının tabanına bir bardak su serpin. Sıcaklığı 400°F'ye (210°C) düşürün ve yaklaşık 20 dakika pişirin.

g) Hamuru yağla fırçalayın ve biberiyeyi üstüne eşit şekilde yayın.

h) Hamuru yukarı yuvarlayın. Uçlarını birlikte sıkıştırın.

i) Ekmeği kabardıktan sonra puanlayın.

6. Peynir ve Susamlı Ekmek

3 somun yapar

İçindekiler

1.gün

- 8½ oz. (240 g) buğday ekşi mayalı marş

- 1½ su bardağı (350 ml) su, oda sıcaklığında

- 1½ su bardağı (200 gr) durum buğdayı unu

- 1½ su bardağı (200 gr) buğday unu

2. gün

- 1 yemek kaşığı (15 gr) tuz

- 2¼ fincan (250 g) rendelenmiş peynir, örneğin eski İsviçre veya Emmental

- ½ su bardağı (100 ml) kavrulmuş susam

- 3⅔su bardağı (400 gr) buğday unu (miktar kullanılan peynire göre değişir) kase için zeytinyağı

Talimatlar

a) Malzemeleri iyice karıştırın ve buzdolabında yaklaşık 12 saat mayalanmaya bırakın.

b) Hamuru çok soğuk olmaması için önceden buzdolabından çıkarın. Tuz, peynir, susam ve un ekleyin. Peynir ne kadar kuru olursa, o kadar az un gerekir. İyice karıştırıp, yağlanmış bir karıştırma kabında, hamur iki katına çıkana kadar mayalanmaya bırakın.

c) Hamuru dikkatlice masanın üzerine yayın ve üçe bölün. Yavaşça yuvarlak somunlar haline getirin. Somunları yağlanmış bir fırın tepsisine koyun ve ekmeğin yaklaşık 30 dakika yükselmesine izin verin.

d) İlk Fırın Sıcaklığı: 450°F (230°C)

e) Ekmeği fırına koyun ve sıcaklığı 400°F (210°C)'ye düşürün. Yaklaşık 30 dakika pişirin.

f) Susam tohumlarını kuru bir tavada kızartın. Hamuru karıştırmadan önce susam tohumlarını soğumaya bırakın.

g) Hamur hazır olduğunda, dikkatlice yuvarlak somunlar haline getirin.

h) Somunlar otuz dakika kadar kabardıktan sonra, fırına koymadan önce unlayın ve üzerlerine hafif kesikler atın.

7. Yeşil Çaylı Ekşi Mayalı Ekmek

Bir somun yapar

İçindekiler

- 1 bardak (250 ml) güçlü yeşil çay, ılık

- 7 oz. (200 gr) buğday ekşi mayalı marş

- 1 yemek kaşığı (15 gr) tuz

- Kase için 5 su bardağı (600 gr) buğday unu zeytinyağı

Talimatlar

a) Malzemeleri karıştırıp güzelce yoğurun. Hamuru yağlanmış ve ağzı kapalı bir kapta 1 saat mayalanmaya bırakın.

b) Hamuru yavaşça bir fırın tepsisine dökün. Hafifçe dışarı akmalıdır.

c) Somunu hafifçe katlayın ve yağlanmış bir fırın tepsisine yerleştirin. 30 dakika daha yükselmesine izin verin.

d) İlk Fırın Sıcaklığı: 475°F (250°C)

e) Ekmeği fırına koyun ve fırının tabanına bir bardak su serpin. Sıcaklığı 400°F'ye (200°C) düşürün.

f) Ekmeği yaklaşık 25 dakika pişirin.

8. İngiliz Buğday Ekşi Mayalı Ekmek

1 somun yapar

İçindekiler

- $\frac{3}{4}$ oz. (20 gr) yaş maya

- $1\frac{1}{4}$ su bardağı (300 ml) su, oda sıcaklığı

- $5\frac{1}{2}$ su bardağı (650 gr) tam buğday unu

- 5 oz. (150 gr) buğday ekşi mayalı marş

- 1 yemek kaşığı (15 gr) tuz

- 1 yemek kaşığı ham şeker

- $\frac{1}{4}$ su bardağı (50 ml) zeytinyağı

- fırçalamak için eritilmiş tereyağı

Talimatlar

a) Mayayı biraz suda eritin. Tüm malzemeleri iyice karıştırın ve iyice yoğurun. Belirtilenden daha fazla suya ihtiyacınız varsa, her seferinde biraz eklemeyi deneyin. Unun duyarlılığı değişebileceğinden, miktar yalnızca yaklaşık bir değerdir.

b) Yoğurulan hamura bir somun şekli verin ve hacmi iki katına çıkana kadar yaklaşık 45-60 dakika mayalanmaya bırakın.

c) Fırına koymadan önce ekmeğin üzerine biraz eritilmiş tereyağı sürün.

d) Ekmeği fırına koyun ve fırının tabanına bir bardak su serpin. Sıcaklığı 400°F'ye (200°C) düşürün.

e) Ekmeği yaklaşık 30 dakika pişirin.

9. havuçlu ekmek

2-3 somun yapar

İçindekiler

- $\frac{1}{2}$ su bardağı (100 ml) süt, oda sıcaklığında

- $1\frac{3}{4}$ çay kaşığı (5 gr) yaş maya

- 1 yemek kaşığı (15 gr) tuz

- $3\frac{3}{4}$ su bardağı (450 gr) buğday unu, kepekli

- 1 su bardağı (100 gr) yulaf ezmesi

- 5 oz. (150 gr) buğday ekşi mayalı marş

- 1 su bardağı (200 ml) su, oda sıcaklığında

- 2 su bardağı (250 gr) rendelenmiş havuç

Talimatlar

a) Süt ve mayayı birleştirin. Havuç hariç tüm malzemeleri karıştırın. Hamuru yaklaşık 10 dakika yoğurun. Rendelenmiş havuçları ekleyip biraz daha yoğurun.

b) Hamuru ılık bir yerde 60-90 dakika mayalanmaya bırakın.

c) İlk Fırın Sıcaklığı: 475°F (250°C)

d) Köfteleri fırına koyun ve 10 dakika pişirin. Sıcaklığı 350°F'ye (180°C) düşürün ve yaklaşık 30 dakika daha pişirin.

e) Yulafları yapışmaz bir tavada kavurun.

f) Hamuru yaklaşık 10 dakika yoğurun. Rendelenmiş havuç ekleyin.

10. Zeytinli Ekmek

2 somun yapar

İçindekiler

- 10½ oz. (300 gr) ekşi hamur mayası

- 6 su bardağı (600 gr) elenmiş buğday unu

- 1¼ su bardağı (300 ml) su, oda sıcaklığı

- 1 yemek kaşığı bal

- 1 yemek kaşığı tuz

- ⅔su bardağı (150 gr) çekirdeksiz zeytin, tercihen yeşil ve siyah karışımı

Talimatlar

a) Zeytin hariç tüm malzemeleri karıştırın. İyice yoğurun. Hamur oldukça "zayıf" olmalıdır. Hamuru 30 cm çapında bir "kek" haline getirin. Zeytinlerin yarısını doğrayın. Doğranmış zeytinleri ekleyin ve bütün zeytinleri karıştırın. Hamuru rulo yapıp 2-3 saat mayalanmaya bırakın. Hamuru 2 parçaya bölün ve somun şekli verin. Somunları 20 dakika daha kabarmaya bırakın.

b) İlk Fırın Sıcaklığı: 475°F (250°C)

c) Ekmeği fırına koyun ve sıcaklığı 400°F'ye (200°C) düşürün. Yaklaşık 30-40 dakika pişirin.

d) Hamuru zeytinlerin üzerine katlayın.

e) Hamur 2-3 saat mayalandıktan sonra ortadan ikiye kesin.

f) Ekmeği, zeytin karışımı çıkacak şekilde şekillendirin.

11. Yulaf ekmeği

3 somun yapar

İçindekiler

- 1 adet yulaf ekşi mayalı marş

- $\frac{1}{2}$ su bardağı (125 ml) su, oda sıcaklığında

- $\frac{1}{2}$ yemek kaşığı (10 gr) tuz

- 2 çay kaşığı (15 gr) bal

- yaklaşık $2\frac{1}{2}$ su bardağı (300 gr) buğday unu

- birkaç yulaf ezmesi

Talimatlar

a) Yulaf ezmesi hariç tüm malzemeleri karıştırıp güzelce yoğurun. Hamuru 2-3 saat mayalanmaya bırakın.

b) Hamuru üç yuvarlak somun haline getirin. Suyla fırçalayın ve ekmeği yulaf ezmesine batırın. Hamuru yağlanmış fırın tepsisine 45 dakika daha mayalandırın.

c) Somunları yaklaşık 20 dakika 375 °F (190 °C) sıcaklıkta pişirin.

12. Mercimek Ekmeği

1 somun yapar

İçindekiler

- 1 paket mercimek ekşi mayası

- $\frac{1}{4}$ su bardağı (50 gr) zeytinyağı

- 2 çay kaşığı (10 gr) deniz tuzu

- $\frac{1}{2}$ su bardağı (100 ml) su, oda sıcaklığında

- 2 su bardağı (250 gr) buğday unu

Talimatlar

a) Malzemeleri karıştırıp güzelce yoğurun. Hamur çok gevşekse, biraz daha un ekleyin. Hamuru gece boyunca buzdolabına koyun.

b) Hamuru çıkarın ve biraz daha yoğurun. Hamuru bir somun haline getirin ve yağlanmış bir fırın tepsisine yerleştirin.

c) Ekmeği buzdolabında yaklaşık 12 saat bekletin.

d) Ekmeği buzdolabından çıkarın ve fırına koymadan önce 30 dakika oda sıcaklığında bekletin. Ekmeği yaklaşık 30 dakika 400°F (200°C) sıcaklıkta pişirin.

13. Tatlı Karlsbad Ekmeği

Yaklaşık 30 çörek yapar

İçindekiler

- 1⅔su bardağı (400 ml) süt, oda sıcaklığı

- 7 oz. (200 gr) buğday ekşi mayalı marş

- 9 su bardağı (1 kg) buğday unu

- 3½ yemek kaşığı (30 gr) yaş maya

- 1 su bardağı (250 gr) tereyağı

- 1 su bardağı (200 gr) şeker

- 6 yumurta sarısı

- ½ yemek kaşığı (10 gr) tuz

- fırçalamak için 1 yumurta

Talimatlar

a) 1¼ su bardağı (300 ml) sütü ekşi maya, unun yarısı ve mayayı karıştırın. Yaklaşık 1 saat mayalanmaya bırakın.

b) Tereyağını eritip soğumaya bırakın.

c) Tüm malzemeleri hamurla karıştırın. Hamuru pürüzsüz olana kadar yoğurun.

d) Hamuru otuz kadar düz çörek veya hilal şeklinde şekillendirin ve yağlanmış bir fırın tepsisine koyun.

e) Çörekler iki katına çıkana kadar bir bezin altında mayalanmaya bırakın.

f) Çörekleri çırpılmış yumurta ile fırçalayın. 400°F (210°C) sıcaklıkta yaklaşık 10 dakika pişirin.

14. Gugelhupf

1-2 kek yapar

İçindekiler

Aşama 1

- $1\frac{3}{4}$ çay kaşığı (5 gr) yaş maya

- 1 su bardağı (250 ml) süt, oda sıcaklığında

- 3 su bardağı (375 gr) buğday unu

- $3\frac{1}{2}$ oz. (100 gr) buğday ekşi mayalı marş

Adım 2

- 1 su bardağı (200 ml) süt, oda sıcaklığında

- $3\frac{3}{4}$ su bardağı (450 gr) buğday unu

- $\frac{1}{2}$ su bardağı (100 gr) şeker

- $\frac{3}{4}$ su bardağı (175 gr) eritilmiş tereyağı, soğutulmuş

- 3-4 yumurta 1 limon kabuğu rendesi 1 su bardağı (150 g) kuru üzüm süslemek için pudra şekeri

Talimatlar

a) Mayayı biraz sütün içinde eritin. Diğer malzemeleri ekleyin ve iyice karıştırın. 1-2 saat hamur mayalanmaya bırakılır.

b) Tüm malzemeleri hamura ekleyin ve iyice karıştırın. Bir veya iki yağlanmış ve unlanmış $11 \times 7 \times 1 \frac{1}{2}$ inç Bundt tavalarını ($1 \frac{1}{2}$ litre) yarısına kadar hamurla doldurun. Hamurun yaklaşık yüzde 30 daha büyük olana kadar veya 1 saat yükselmesine izin verin.

c) 390°F'de (200°C) 20–30 dakika pişirin. Keki kalıptan çıkarmadan soğumaya bırakın. Son olarak üzerine pudra şekeri serpin.

d) Hamuru ikinci adımdaki malzemelerle karıştırın ve iyice karıştırın.

e) Yağlanmış ve unlanmış kalıpları yarısına kadar hamurla doldurun.

f) Dilimlemeden önce pişmiş keki soğumaya bırakın.

15. çörek

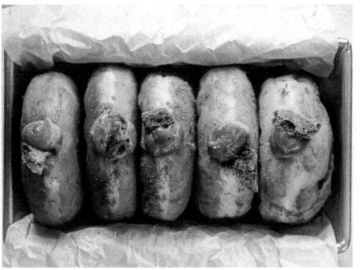

Yaklaşık 20 rulo yapar

İçindekiler

- $3\frac{1}{2}$ oz. (100 gr) buğday ekşi mayalı marş

- $3\frac{1}{2}$ su bardağı (450 gr) buğday unu

- $\frac{1}{2}$ su bardağı (75 ml) süt, oda sıcaklığı $5\frac{1}{4}$ çay kaşığı (15 g) yaş maya

- 5 yumurta

- ⅔su bardağı (75 gr) şeker

- $1\frac{1}{2}$ yemek kaşığı (25 gr) tuz

- $1\frac{1}{2}$ su bardağı (350 gr) tuzsuz tereyağı, yumuşatılmış

- fırçalamak için 1 yumurta

Talimatlar

a) Ekşi mayayı buğday ununun yarısı, süt ve maya ile karıştırın. Karışımın yaklaşık 2 saat yükselmesine izin verin.

b) Tereyağı hariç tüm malzemeleri ekleyin ve iyice karıştırın. Ardından, tereyağını azar azar ekleyin - bir seferde yaklaşık $\frac{1}{4}$ fincan (50 g). İyice yoğurun.

c) Bir bezle örtün ve hamurun yaklaşık 30 dakika yükselmesine izin verin.

d) Yirmi küçük, pürüzsüz çörek haline getirin. Cupcake kalıplarına yerleştirip iki katına çıkana kadar mayalandırın. Çörekleri yumurta ile fırçalayın.

e) Brioche'u yaklaşık 10 dakika 400°F (210°C) sıcaklıkta pişirin.

16. Buğday Çörekleri

Yaklaşık 35 çörek yapar

İçindekiler

- 2 su bardağı (500 ml) süt, oda sıcaklığında

- $1\frac{3}{4}$ oz. (50 g) buğday ekşi mayalı marş

- $9\frac{1}{2}$ su bardağı ($1\frac{1}{4}$ kg) buğday unu

- 1 su bardağı (200 gr) tereyağı

- $\frac{1}{2}$ su bardağı (75 gr) yaş maya

- $\frac{1}{2}$ su bardağı (165 gr) beyaz şurup

- $\frac{1}{2}$ oz. (15 gr) öğütülmüş kakule

- 1 çay kaşığı (5 gr) tuz 1 yumurta fırçalamak için inci şekeri
  Süslemek için

Talimatlar

a) $1\frac{2}{3}$ su bardağı (400 ml) sütü ekşi maya ve unun yarısı ile karıştırın. Yaklaşık 1 saat mayalanmaya bırakın.

b) Tereyağını eritip soğumaya bırakın.

c) Kalan sütün içinde mayayı eritin. Bittiğinde, tüm malzemeleri ilk hamura ekleyin ve iyice karıştırın. Pürüzsüz olana kadar yoğurun.

d) Hamuru otuz beş çörek şeklinde şekillendirin ve yağlanmış bir fırın tepsisine koyun. Boyutları iki katına çıkana kadar bir bez altında yükselmelerine izin verin.

e) Çörekleri çırpılmış yumurta ile fırçalayın ve biraz inci şeker serpin. 400°F (210°C) sıcaklıkta yaklaşık 10 dakika pişirin.

ÇAVDAR EKMEĞİ

17. Çavdar ekmeği

İçindekiler

- $\frac{3}{4}$ su bardağı (200 ml) su, oda sıcaklığı

- 2 su bardağı (200 gr) ince öğütülmüş çavdar unu

- $\frac{1}{2}$ su bardağı (100 gr) rendelenmiş elma, soyulmuş

Talimatlar

a) Malzemeleri birleştirin ve sıkıca oturan kapaklı bir cam kavanozda 2-4 gün bekletin. Sabahları ve akşamları karıştırın.

b) Karışım köpürmeye başladığında marş hazırdır. Bu noktadan sonra tek yapmanız gereken, hamurun lezzetini ve mayalanma kabiliyetini koruması için hamuru "beslemektir". Ekşi mayayı buzdolabında bırakırsanız haftada bir kez $\frac{1}{2}$ su bardağı (100 ml) su ve 1 su bardağı (100 gr) çavdar unu ile yedirmelisiniz. Ekşi maya oda sıcaklığında tutulursa her gün aynı şekilde yedirilmelidir. Tutarlılık kalın yulaf lapasına benzemelidir.

c) Ekşi mayanız kaldıysa yarım fincanlık kaplarda dondurabilir veya bir kısmını kurumaya bırakabilirsiniz.

18. çöp

2 somun yapar

İçindekiler

1.gün

- $3\frac{1}{2}$ oz. (100 gr) buğday ekşi mayalı marş

- 1 su bardağı (200 ml) su, oda sıcaklığında

- $1\frac{1}{4}$ su bardağı (150 gr) buğday unu

- $\frac{1}{2}$ su bardağı (50 gr) karıştırılmamış çavdar unu (yani buğdaysız un) Tüm malzemeleri iyice karıştırın.

2. gün

- 2 su bardağı (450 ml) su, oda sıcaklığında

- 6 su bardağı (750 gr) buğday unu 4 çay kaşığı (20 gr) deniz tuzu

Talimatlar

a) Hamuru bir kaba alıp üzerini streç filmle kapatın. Bir gece buzdolabında saklayın.

b) Hamura su ve un ekleyin. İyice yoğurun. Tuzu ekleyin. Hamuru 2 dakika daha yoğurun.

c) 1 saat mayalanmaya bırakın ve ardından nazikçe iki somun haline getirin.

d) Somunları 45 dakika bir bezin altında mayalandırın.

e) İlk Fırın Sıcaklığı: 525°F (280°C)

f) Ekmekleri fırına koyun. Fırının dibine bir bardak su serpin. Sıcaklığı 450°F (230°C)'ye düşürün ve 30 dakika pişirin.

g) Hamuru dikkatlice unlanmış bir yüzeye dökün. İki parçaya bölün.

h) Yavaşça hamuru katlayın.

i) Hamuru dikkatlice iki dikdörtgen somun haline getirin.

19. Çavdar Ciabatta

Yaklaşık 10 somun yapar

İçindekiler

- 7 oz. (200 gr) buğday ekşi mayalı marş

- $\frac{1}{2}$ su bardağı (50 gr) ince çavdar unu

- 4 su bardağı (500 gr) buğday unu

- yaklaşık 1⅔su bardağı (400 ml) su, oda sıcaklığı

- $\frac{1}{2}$ yemek kaşığı (10 gr) tuz

- kase için zeytinyağı

Talimatlar

a) Tuz hariç tüm malzemeleri karıştırıp güzelce yoğurun. Tuzu ekleyin.

b) Hamuru yağlanmış bir karıştırma kabına alın. Plastik film ile örtün ve hamuru bir gece buzdolabında bekletin.

c) Ertesi gün, hamuru bir fırın tepsisine yavaşça dökün.

d) Hamuru katlayın ve buzdolabında yaklaşık 5 saat bekletin, hamuru saatte bir kez tekrar katlayın.

e) Hamuru masanın üzerine dökün. Kabaca 2 × 6 inç (10 × 15 cm) büyüklüğünde parçalar halinde kesin ve bunları yağlanmış bir fırın tepsisine yerleştirin. Buzdolabında 10 saat daha yükselmelerine izin verin. Bu yüzden bu ekmeğin yapımı yaklaşık 2 gün sürüyor.

f) İlk Fırın Sıcaklığı: 475°F (250°C)

g) Köfteleri fırına koyun. Fırının tabanına bir bardak su serpin. Sıcaklığı 400°F'ye (210°C) düşürün ve yaklaşık 15 dakika pişirin.

h) Hamuru katlayın ve yaklaşık 5 saat buzdolabında bekletin. Bu süre zarfında katlamayı saatte bir kez tekrarlayın.

i) Hamuru un serpilmiş yüzeye koyun ve uzatın.

j) Hamuru yaklaşık 2 × 6 inç (10 × 15 cm) olan parçalar halinde kesin.

20. Fransız Köylü Ekmeği

1 somun yap

İçindekiler

- 2 su bardağı (500 ml) su, oda sıcaklığında

- 5 su bardağı (600 gr) buğday unu

- 2 su bardağı (200 gr) elenmiş buğday unu

- $4\frac{1}{2}$ oz. (125 g) buğday ekşi mayalı marş

- $4\frac{1}{2}$ oz. (125 g) ekşi mayalı çavdar mayası

- $1\frac{1}{2}$ yemek kaşığı (25 gr) kase için tuz zeytinyağı

Talimatlar

a) Tuz hariç tüm malzemeleri hamur pürüzsüz olana kadar karıştırın.

b) Hamur iyice yoğrulduğunda tuzu ekleyin. Birkaç dakika daha yoğurmaya devam edin. Hamuru yağlanmış bir karıştırma kabına alın ve üzerini bir bezle örtün.

c) Hamuru yaklaşık 2 saat mayalanmaya bırakın.

d) Hamuru un serpilmiş bir masaya dökün ve uzun bir somun şekli verin. Yaklaşık 40 dakika yükselmesine izin verin.

e) İlk Fırın Sıcaklığı: 525 °F (270 °C)

f) Ekmeği fırına koyun ve fırının tabanına bir bardak su serpin. Sıcaklığı 450°F'ye (230°C) düşürün.

g) Yaklaşık 30 dakika pişirin.

21. fındıklı ekmek

2 somun yapar

İçindekiler

- 2 su bardağı (500 ml) su, oda sıcaklığında

- 16 oz. (450 gr) ekşi mayalı çavdar mayası

- $3\frac{3}{4}$ su bardağı (450 gr) buğday unu

- $2\frac{1}{4}$ su bardağı (225 g) elenmiş buğday unu

- $2\frac{1}{4}$ su bardağı (225 gr) ince çavdar unu

- $1\frac{1}{2}$ yemek kaşığı (25 gr) tuz

- $2\frac{1}{2}$ su bardağı (350 gr) bütün fındık

- kase için zeytinyağı

Talimatlar

a) Tuz ve fındık hariç tüm malzemeleri karıştırın. Hamuru iyi yoğurun.

b) Tuz ve fındıkları ekleyip hamuru yoğurun.

c) Hamuru yağla kaplanmış plastik bir karıştırma kabına koyun ve yaklaşık 3 saat mayalanmaya bırakın.

d) Hamuru ikiye ayırıp şekil verin ve yağlanmış tepsiye dizin. Bir saat kadar yükselmeye bırakın.

e) İlk Fırın Sıcaklığı: 525 °F (270 °C)

f) Somunları fırına koyun ve sıcaklığı 450°F (230°C)'ye düşürün.

g) Ekmekleri 30-40 dakika pişirin.

22. Rus Tatlı Ekmeği

1 somun yapar

İçindekiler

- 26½ oz. (750 gr) ekşi mayalı çavdar mayası

- 1¼ su bardağı (300 ml) su, oda sıcaklığı

- 3½ çay kaşığı (20 gr) tuz

- 1 yemek kaşığı (10 gr) kimyon tohumu

- 2½ su bardağı (300 gr) buğday unu

- 3 su bardağı (300 gr) elenmiş buğday unu

Talimatlar

a) Malzemeleri karıştırın ve hamur pürüzsüz olana kadar yoğurun. 1 saat bez altında mayalanmaya bırakın.

b) Hamuru büyük, yuvarlak bir somun haline getirin. Yağlanmış fırın tepsisine dizip üzerini bir bezle örtün.

c) 1-2 saat hamur mayalanmaya bırakılır.

d) Fırına koymadan önce hamurun üzerine un serpin. 400°F (210°C) sıcaklıktaki fırında yaklaşık 40-50 dakika pişirin.

23. Danimarka Çavdar Ekmeği

3 somun yapar

İçindekiler

1.gün

- 2 su bardağı (500 ml) su, oda sıcaklığında

- 3 su bardağı (300 gr) tam tahıllı çavdar unu

- 1 oz. (25 gr) ekşi mayalı çavdar mayası

2. gün

- 4 su bardağı (1 litre) su, oda sıcaklığında

- 8 su bardağı (800 gr) tam tahıllı çavdar unu

- 2 su bardağı (250 gr) tam buğday unu

- 2 yemek kaşığı (35 gr) tuz

- $4\frac{1}{2}$ oz. (125 gr) ayçiçeği çekirdeği

- $4\frac{1}{2}$ oz. (125 gr) kabak çekirdeği

- $2\frac{1}{2}$ oz. (75 gr) bütün keten tohumu

Talimatlar

a) Malzemeleri iyice karıştırın ve gece boyunca oda sıcaklığında bekletin.

b) Bir önceki gün yaptığınız hamuru yeni malzemelerle birleştirin. Yaklaşık 10 dakika boyunca iyice karıştırın.

c) Hamuru üç adet 8 × 4 × 3 inç ($1\frac{1}{2}$ litre) somun tavalarına bölün. Tavalar yolun sadece üçte ikisi doldurulmalıdır. 3-4 saat ılık bir yerde mayalanmaya bırakın.

d) İlk Fırın Sıcaklığı: 475°F (250°C)

e) Tavaları fırına yerleştirin ve sıcaklığı 350°F'ye (180°C) düşürün. Fırının tabanına bir bardak su serpin. Somunları 40-50 dakika pişirin.

f) 2. Gün: Kalan malzemeleri marş ile karıştırın.

g) Hamuru yaklaşık 10 dakika iyice karıştırın.

h) Hamuru 8 × 4 × 3 inçlik somun tepsisine (1 1/2 litre) yerleştirin. Tavayı en fazla üçte iki oranında doldurun. Hamur tepsinin kenarına gelene kadar mayalanmaya bırakın.

24. cevizli ekmek

1 somun yapar

İçindekiler

- 2 su bardağı (500 ml) su, oda sıcaklığında

- 14 oz. (400 gr) ekşi mayalı çavdar mayası

- 4 su bardağı (400 gr) karıştırılmamış çavdar unu (yani buğday unu olmadan)

- 4 su bardağı (500 gr) buğday unu

- 14 oz. (400 gr) bütün ceviz

- $3\frac{1}{2}$ çay kaşığı (20 gr) tuz

- kase için zeytinyağı

Talimatlar

a) Ceviz ve tuz hariç tüm malzemeleri karıştırın. Hamur pürüzsüz olana kadar yoğurun.

b) Hamur iyice yoğrulduktan sonra tuzu ve cevizleri ekleyin. Birkaç dakika daha yoğurmaya devam edin.

c) Daha sonra hamuru yağlanmış bir karıştırma kabına alın ve üzerini bir bezle örtün.

d) Hamuru yaklaşık 2 saat mayalanmaya bırakın.

e) Hamuru un serpilmiş bir yüzeye koyun ve yuvarlak bir somun haline getirin. Yağlanmış tepside yaklaşık 30 dakika mayalanmaya bırakın.

f) İlk Fırın Sıcaklığı: 475°F (250°C)

g) Ekmeği fırına koyun ve fırının tabanına bir bardak su serpin. Sıcaklığı 450°F'ye (230°C) düşürün.

h) Ekmeği yaklaşık 30 dakika pişirin.

i) Hamur iyice yoğrulduktan sonra tuzu ve cevizleri ekleyin. Birkaç dakika tekrar yoğurun.

j) Hamur kabardıktan sonra ikiye bölün.

k) Parçaları fırın tepsisine hafifçe yayın.

25. portakallı kepekli ekmek

1 somun yapar

İçindekiler

Aşama 1

- ½ normal boy portakal

Adım 2

- portakal kabuğu parçaları

- 7 oz. (200 gr) ekşi mayalı çavdar mayası

- 1 su bardağı (200 ml) su, oda sıcaklığında

- ½ yemek kaşığı (10 gr) tuz 1 çay kaşığı (5 gr) rezene

- yaklaşık 6-7 su bardağı (600-700 g) elenmiş buğday unu

Talimatlar

a) Portakalı soyun. Kabuğu birkaç dakika suda kaynatın. Sudan çıkarın ve hafifçe soğumaya bırakın.

b) Kaşık yardımıyla kabuğun iç kısmındaki beyaz kısmı kazıyın. Kabuğu küçük parçalar halinde doğrayın.

c) Tüm malzemeleri karıştırın, ancak son birkaç bardak unu yavaş yavaş ekleyin. Spelled un, normal buğday unu ile aynı şekilde sıvıyı emmez. İyice yoğurun.

d) Hamurun yaklaşık 30 dakika yükselmesine izin verin.

e) Hamuru yuvarlak bir somun haline getirin ve yağlanmış bir fırın tepsisine yerleştirin. Hamuru iki katına çıkana kadar mayalandırın; bu birkaç saat kadar sürebilir.

f) 400°F'de (200°C) yaklaşık 25 dakika pişirin.

g) Fırından çıkardıktan sonra ekmeği su ile fırçalayın.

26. Anasonlu Ekmek

1 somun yapar

İçindekiler

- 3 su bardağı (300 gr) ince öğütülmüş çavdar unu

- $2\frac{1}{2}$ su bardağı (250 gr) elenmiş buğday unu

- $10\frac{1}{2}$ oz. (300 gr) ekşi mayalı çavdar mayası

- $\frac{1}{2}$ yemek kaşığı (10 gr) tuz

- 4 çay kaşığı (20 gr) ham şeker

- $1\frac{1}{4}$ fincan (300 ml) düşük alkol içerikli bira, oda sıcaklığında

- $\frac{1}{2}$ oz. (15 gr) ezilmiş anason

- $1\frac{3}{4}$ oz. (50 gr) keten tohumu

Talimatlar

a) Bütün malzemeleri karıştır. Hamur oldukça yapışkan olacaktır. Yaklaşık 1 saat oda sıcaklığında bekletin.

b) Elinizi hafifçe unlayıp hamuru yoğurun. Hamuru büyük, yuvarlak bir topuz haline getirin ve yağlanmış bir fırın tepsisine yerleştirin.

c) Ekmeği iki katına çıkana kadar mayalandıralım. Bu birkaç saat sürebilir.

d) İlk Fırın Sıcaklığı: 450°F (230°C)

e) Ekmeği fırına koyun ve altına bir bardak su serpin. Sıcaklığı 350°F'ye (180°C) düşürün ve 45-55 dakika pişirin.

27. Ayçiçeği Ekmeği

Yaklaşık 15-20 rulo yapar

İçindekiler

- $1\frac{3}{4}$ çay kaşığı (5 gr) yaş maya

- $1\frac{1}{4}$ su bardağı (300 ml) su, oda sıcaklığı

- 3 su bardağı (300 gr) ince öğütülmüş çavdar unu

- $2\frac{1}{2}$ su bardağı (300 gr) buğday unu

- 7 oz. (200 gr) ekşi mayalı çavdar mayası

- 1 yemek kaşığı (15 gr) tuz

- 3 yemek kaşığı (50 gr) bal

- $\frac{2}{3}$su bardağı (150 ml) ayçiçeği çekirdeği

- 1 yemek kaşığı (10 gr) kimyon

Talimatlar

a) Mayayı biraz suda eritin. Tüm malzemeleri ekleyin ve iyice karıştırın.

b) Hamuru iki katına çıkana kadar ılık bir yerde mayalandıralım. Bu 1-2 saat sürecektir.

c) Hamuru on beş ila yirmi küçük rulo haline getirin. Yağlanmış tepsiye dizin ve ılık bir yerde iki katına çıkana kadar mayalandırın.

d) 350°F'de (180°C) yaklaşık 10 dakika pişirin.

e) Hamuru kabardıktan sonra yoğurun ve uzun rulo şekli verin.

f) Hamuru on beş ila yirmi parçaya kesin.

g) Yuvarlak somunlar haline getirin ve iki katına çıkana kadar bir fırın tepsisine yerleştirin.

28. bira ekmeği

2 somun yapar

İçindekiler

- yaklaşık $1\frac{1}{4}$ fincan (300 ml) bira, oda sıcaklığı

- 7 çay kaşığı (20 gr) yaş maya

- 1 yemek kaşığı (15 gr) tuz

- 16 oz. (450 gr) ekşi mayalı çavdar mayası

- $5\frac{1}{2}$ su bardağı (700 gr) tam buğday unu

Talimatlar

a) Un hariç tüm malzemeleri karıştırın. Unu azar azar ekleyin ve iyice karıştırın. Tüm unu bir kerede eklemeyin; daha fazla un eklemeden önce hamurun elastik olduğundan emin olmak için test edin.

b) İyice yoğurun.

c) Hamuru yaklaşık 15 dakika dinlenmeye bırakın. İyice yoğurun.

d) Hamuru iki somun haline getirin ve yağlanmış bir fırın tepsisinde kabaca iki katına çıkana kadar mayalandırın. Ekmeğin üzerine biraz un serpin.

e) İlk Fırın Sıcaklığı: 475°F (250°C)

f) Somunları fırına koyun ve altına bir bardak su serpin. Sıcaklığı 400°F'ye (200°C) düşürün.

g) Ekmeği yaklaşık 45 dakika pişirin.

29. Çıtır Çavdar Ekmeği

Yaklaşık 20 kraker yapar

İçindekiler

- $17\frac{1}{2}$ oz. (500 g) tam buğday çavdar unundan yapılmış ekşi mayalı çavdar mayası

- $17\frac{1}{2}$ oz. (500 gr) buğday ekşi mayalı marş

- 5 su bardağı (500 gr) ince çavdar unu

- $\frac{1}{2}$ yemek kaşığı (10 gr) tuz

Talimatlar

a) Malzemeleri iyice karıştırın ve hamurun yaklaşık 2 saat yükselmesine izin verin.

b) Hamuru mümkün olduğunca ince açın. Krakerler halinde kesin ve yağlanmış bir fırın tepsisine yerleştirin. Ekmeğin kabarmaması için çatalla delin.

c) Krakerlerin 2-3 saat kabarmasına izin verin.

d) 400°F (210°C) sıcaklıkta yaklaşık 10 dakika pişirin.

30. Lezzetli Çıtır Ekmek

15 kraker yapar

İçindekiler

- ½ oz. (10 gr) yaş maya

- 1⅔su bardağı (400 ml) soğuk su

- 3½ oz. (100 gr) ekşi mayalı çavdar mayası

- 3½ oz. (100 gr) buğday ekşi mayalı marş

- 3 su bardağı (300 gr) tam çavdar unu

- 4¼ su bardağı (550 gr) buğday unu

- 1 yemek kaşığı (15 gr) tuz

- ½ oz. (15 gr) üzeri için anason deniz tuzu

Talimatlar

a) Mayayı suda eritin ve ekşi maya ile karıştırın. Unu ekleyip iyice yoğurun. Hamuru yaklaşık 15 dakika dinlenmeye bırakın.

b) Tuz ve anason ekleyin ve hamuru bir kez daha yoğurun. Plastik sargı ile kaplı bir kaseye koyun. Bir gece buzdolabında mayalanmaya bırakın.

c) Ertesi gün hamuru on beş parçaya bölün. Her bir hamur parçasını ince bir kraker haline gelene kadar yuvarlayın. Hamurun yapışmaması için merdaneyi hafifçe unlayın.

Hamuru düzgün bir şekilde yaydığınızdan emin olmak için ara sıra krakeri ters çevirin.

d) Krakerleri parşömen kağıdıyla kaplı bir fırın tepsisine yerleştirin. Onları bir çatalla delin. Damak zevkinize göre biraz deniz tuzu serpin.

e) Krakerleri yaklaşık 400°F (210°C) sıcaklıkta 15 dakika pişirin. Krakerleri bir soğutma rafında kurumaya bırakın.

f) Hamuru rulo haline getirin ve on beş parçaya bölün.

g) Her bir hamur parçasını ince bir gofrete yuvarlayın. Hamurun oklavaya yapışmasını önlemek için hafifçe unla kaplayın.

h) Krakerleri çatalla delin. Deniz tuzu serpin ve parşömen kağıdıyla kaplı bir kağıda koyun.

31. ince kraker

6-8 büyük kraker yapar

İçindekiler

- $\frac{3}{4}$ su bardağı (200 ml) yüksek yağlı yoğurt

- 7 oz. (200 gr) ekşi mayalı çavdar mayası

- 2 çay kaşığı (15 gr) bal

- $\frac{1}{2}$ yemek kaşığı (10 gr) tuz

- 4 su bardağı (500 gr) buğday unu

Talimatlar

a) Tüm malzemeleri karıştırıp hamuru iyice yoğurun.

b) Hamuru altı ila sekiz yuvarlak parçaya kesin. Parçaları ince gofretler halinde yuvarlayın. Hamurun yapışmasını önlemek için yüzeyi ve hamuru hafifçe unlayın. Krakerleri yağlanmış bir fırın tepsisine koyun ve bir çatalla delin.

c) Krakerleri yaklaşık 10 dakika 430°F (220°C) sıcaklıkta pişirin. Bir soğutma rafında kurumaya bırakın.

d) Hamuru uzun bir silindire yuvarlayın ve altı ila sekiz parçaya bölün.

e) Hamuru mümkün olduğunca ince yuvarlayın.

f) Çatal ile delin.

32. patatesli ekmek

1 somun yapar

İçindekiler

Adım 1 (hamur öncesi)

- 1 parti patates ekşi mayası

- 2 su bardağı (250 gr) buğday unu

- $1\frac{3}{4}$ oz. (50 gr) kuşburnu kabuğu

Adım 2

- $\frac{3}{4}$ su bardağı (200 ml) su, oda sıcaklığı

- $\frac{1}{2}$ yemek kaşığı (10 gr) tuz

- $\frac{1}{2}$ su bardağı (50 gr) ince öğütülmüş çavdar unu

- 2 su bardağı (200 gr) elenmiş buğday unu

Talimatlar

a) Ekşi maya ve unu birleştirin ve buzdolabında yaklaşık 8 saat bekletin.

b) Kuşburnu kabuklarını ayrı bir kapta ıslatın.

c) Ön hamuru buzdolabından çıkarın. Yukarıda listelenen malzemeleri ve süzülmüş kuşburnu kabuklarını ekleyin.

d) Hamuru iyice yoğurun ve bir somun şekli verin. Yağlanmış tepsiye dizip bir bezin altında iki katına çıkana kadar mayalandırın. Bu birkaç saat sürebilir.

e) Ekmeği yaklaşık 25 dakika 400°F (200°C) sıcaklıkta pişirin.

HUZURLU EKMEK

33. hecelenmiş ekşi hamur

2 somun yapar

İçindekiler

- 35 oz. (1 kg) kavrulmuş ekşi hamur mayası

- 1 yemek kaşığı (15 gr) tuz

- 3 yemek kaşığı (25 gr) yaş maya

- $2\frac{1}{2}$ yemek kaşığı (35 ml) pekmez şurubu (koyu şurup ile değiştirilebilir)

- $\frac{1}{2}$ su bardağı (100 ml) su, oda sıcaklığında

- 6 su bardağı (625 gr) ince çavdar unu

- $1\frac{3}{4}$ su bardağı (225 gr) buğday unu

Talimatlar

a) Malzemeleri iyice karıştırın ve yaklaşık 30 dakika mayalanmaya bırakın.

b) Yavaşça iki dikdörtgen somun haline getirin ve un serpin. Ekmeği iki katına çıkana kadar mayalandırın (mümkünse sepet içinde mayalandırın).

c) İlk Fırın Sıcaklığı: 475°F (250°C)

d) Somunları fırına koyun ve fırının tabanına bir bardak su serpin. Sıcaklığı 375 °F'ye (195°C) düşürün.

e) Yaklaşık 30 dakika pişirin.

34. Gail'in pirinci ve yazıldığından un ekmeği

İçindekiler

- 1 su bardağı esmer pirinç unu

- 1 su bardağı beyaz pirinç unu

- 1 su bardağı Kepekli un

- $3\frac{1}{2}$ çay kaşığı Ksantan sakızı

- $\frac{1}{4}$ su bardağı + 2 çay kaşığı şeker

- $1\frac{1}{2}$ çay kaşığı Tuz

- 1⅓fincan yağsız kuru süt tozu, erimiş

- 2 büyük Yumurta, iyi dövülmüş

- $1\frac{3}{4}$ su bardağı Ilık Su

Talimatlar

a) Ilık su hariç tüm malzemeleri ekmek tavasına koyun ve başlat düğmesine basın.

b) Makine yoğururken yavaş yavaş suyu dökün. Hamur iyi karışmazsa, yardımcı olması için lastik bir spatula kullanın.

c) Pişirme döngüsü sona erdikten sonra tavadan çıkarın ve bir tel ızgara üzerine yerleştirin ve dilimlemeden önce 1 saat soğumaya bırakın.

35. Yazıldığından mayalı ekmek

Verim: 1 porsiyon

İçindekiler

- 3¼ fincan Tam buğday unu; (bölünmüş kullanım)

- 1 paket Aktif kuru maya

- 1 su bardağı Su

- ⅓bardak Bal

- ¼ su bardağı margarin veya tereyağı

- 1 çay kaşığı Tuz

- 1 yumurta

Talimatlar

a) Büyük bir kapta iki su bardağı buğday unu ve mayayı birleştirin. bir tencerede ısıtın ve suyu, balı, margarini ve tuzu ılık olana kadar karıştırın.

b) Un ekleyin. Yumurta ekleyin. Elektrikli mikser ile düşük devirde 30 saniye çırpın. 3 dakika yüksek devirde çırpın. Yumuşak bir hamur yapmak için kalan unu karıştırın. Örtün ve iki katına çıkana kadar mayalanmaya bırakın - 45 - 60 dakika.

c) Hamuru yağlanmış 9 x 5 x 3 somunlu tepsiye yayın. Üzerini örtüp 30-45 dakika iki katına çıkana kadar mayalandırın. 375 derecede 25 ila 30 dakika ya da dokunulduğunda somun boş gibi gelene kadar pişirin. Pişirmenin son on dakikası için folyo ile kaplayın. Tavadan çıkarın ve soğutun.

IZGARA EKMEK

36. Pastırma çedarlı ızgara ekmek

Verim: 8 porsiyon

Bileşen

- 1 Ekşi mayalı ekmek
- 3 yemek kaşığı Tereyağı
- $1\frac{1}{2}$ su bardağı Çedar peyniri
- 4 pastırma dilimi, süzülmüş
- 2 yemek kaşığı Taze maydanoz

Talimatlar

a) Her dilim ekmeğin bir tarafını margarinle hafifçe yayın. Margarin tarafı aşağı gelecek şekilde yağlanmamış çerez kağıdını yerleştirin. Peynir, pastırma ve maydanozu ekmek dilimlerinin üzerine eşit şekilde serpin.

b) Barbekü yapmaya hazır olduğunuzda, parçaları margarin tarafı aşağı bakacak şekilde orta-yüksek sıcaklıktaki gazlı ızgaraya veya orta-yüksek kömürlerden 4 ila 5 inç kömür ızgarasına yerleştirin.

c) Ekmeğin alt kısmı kızarıp peynir eriyene kadar 4 ila 6 dakika veya daha fazla pişirin.

37. peperonata ızgara ekmek

Verim: 4 sandviç

Bileşen

- 2 tavuk göğsü

- $\frac{1}{2}$ su bardağı Su

- Tuz

- Taze çekilmiş karabiber

- 4 Dal biberiye

- 2 yemek kaşığı Sızma zeytinyağı

- tutam Acı kırmızı biber gevreği

- 1 küçük Soğan, Dilimlenmiş

- 1 Kırmızı dolmalık biber, özlü, çekirdekleri çıkarılmış ve kalın şeritler halinde kesilmiş

- 1 Sarı dolmalık biber, özlü, çekirdekleri çıkarılmış ve kalın şeritler halinde kesilmiş

- Tadımlık şeker

- 6 Yağda kürlenmiş siyah zeytin, çekirdekleri çıkarılmış ve fraksiyonel doğranmış

- 1 yemek kaşığı Kapari

- 8 büyük ince dilim kıtır ekmek

- 2 diş sarımsak, soyulmuş ve küçük parçalara bölünmüş

- 8 Çok taze fesleğen yaprağı, Doğranmış

Talimatlar

a) Tavuk göğüslerini orta boy bir tavaya derileri üste gelecek şekilde koyun ve su ekleyin. Tavuğu tuz ve karabiberle tatlandırın ve ot dallarını tavuğun üzerine yerleştirin. 15-20 dakika orta ateşte pişirin, örtün

b) Isıyı kapatın ve tavada soğumaya bırakın.

c) Orta boy bir tavaya zeytinyağı, acı kırmızı biber ve soğanı ekleyin.

d) Sık sık karıştırarak yaklaşık 8 dakika orta-düşük ısıda kızartın

e) Biberleri ekleyin ve biberler yumuşayıncaya kadar kapağı kapalı şekilde pişirmeye devam edin.

f) Pişirmenin sonuna doğru zeytinleri ve kaparileri karıştırın. Tuz ve karabiberle tatlandırın

g) Tavuk ele alınabileceği zaman, derisini ve kemiklerini ve varsa yağ veya kıkırdakları çıkarın. Her göğsü 3 filetoya ayırın. Tekrar çapraz olarak $\frac{1}{2}$" kalınlığında parçalar halinde kesin.

h) Her iki tarafta tost ekmeği. Kesilmiş sarımsak karanfilleri ile her bir ekmek parçasının bir tarafını çok hafifçe ovalayın. 4 dilim ekmeği düzleştirin. Tavukları ekmeğin üzerine dizin. biber karışımı ile üst, sonra fesleğen. kalan 4 dilim ekmekle kapağı kapatın.

38. Domatesli ızgara ekmek

Verim: 4 porsiyon

Bileşen

- 4 büyük olgun domates
- $\frac{1}{4}$ fincan fesleğen yaprağı, yırtılmış
- 6 parça Köy usulü ekmek, 1/2" kalınlığında kesilmiş ve yarıya bölünmüş
- 3 büyük sarımsak karanfil, hafifçe ezilmiş
- Tuz ve biber
- 4 yemek kaşığı Zeytinyağı

Talimatlar

a) Domatesleri yıkayıp ikiye bölün. Mümkün olduğu kadar çok tohum çıkarın ve doğrayın.

b) Onları küçük bir tabağa koyun ve fesleğen yapraklarıyla karıştırın.

c) Ekmek dilimlerini ızgara yapın ve her iki tarafı açık kahverengi olacak şekilde çevirin. Her parçayı bir diş sarımsakla ovalayın.

d) Domates karışımından biraz ekmeğin üzerine dökün, tuz ve karabiber serpin ve zeytinyağı serpin.

39. Izgara ekmek ve domates

Verim: 1 porsiyon

Bileşen

- 1 küçük diş sarımsak; kıyılmış 1
- ⅓fincan Balzamik sirke 75 mL
- 1½ yemek kaşığı Zeytinyağı 20 mL
- ¼ çay kaşığı Biber 1 mL
- tatmak için tuz
- 2 yemek kaşığı doğranmış taze frenk soğanı veya yeşil soğan
- Doğranmış taze fesleğen veya maydanoz
- 6 dilim Fransız veya İtalyan ekmeği
- 4 su bardağı kiraz domates; yarıya 1 L

Talimatlar

a) Küçük bir tabakta sarımsak, sirke, yağ, biber ve tuzu karıştırın. Frenk soğanı ve fesleğeni karıştırın.

b) Barbekü veya tost ekmeği

c) Her parçayı 1½ inç/4 cm'lik parçalar halinde kesin.

d) Ekmeği çeri domates ve sosla karıştırın. Gerekirse baharatları tadın ve ayarlayın.

40. Izgara ekmek ve guacamole

Verim: 1 porsiyon

Bileşen

- Fransız ekmeği

- $\frac{1}{4}$ fincan Zeytinyağı; hakkında

- 2 olgun avokado

- 2 yemek kaşığı doğranmış soğan

- $1\frac{1}{2}$ yemek kaşığı Taze limon suyu

- 1 diş sarımsak; doğranmış

- $\frac{3}{4}$ çay kaşığı öğütülmüş kimyon

- Ekmeği çapraz olarak $\frac{1}{4}$ inç kalınlığında dilimler halinde kesin

Talimatlar

a) Ekmeği, parlayan kömürlerin 5 ila 6 inç üzerine yerleştirilmiş bir rafta gruplar halinde ızgara yapın, her iki tarafı da kızarana kadar yaklaşık 3 dakika döndürün.

b) Avokadoları ikiye bölün ve çekirdeklerini atın. Bir mutfak robotuna eti kaşıkla

c) Kalan malzemeleri ekleyin ve sadece pürüzsüz olana kadar karıştırın.

d) Guacamole parçaları ile tepesinde ekmek servis yapın

41. Ördek yağı ile ızgara ekmek

Verim: 4 porsiyon

Bileşen

- 1 somun huysuz Fransız ekmeği
- 4 ons Ördek yağı; süslü kasaplarda bulunur
- 2 yemek kaşığı Deniz tuzu; 3'e kadar
- 1 yemek kaşığı Taze biberiye; doğranmış
- 2 elma

Talimatlar

a) Ekmeği 1 inç kalınlığında dilimler halinde kesin ve koyu altın rengi kahverengi olana kadar ızgara yapın.

b) Her parçayı 1 ila 2 çay kaşığı ördek yağı ile yağlayın.

c) Her parçayı deniz tuzu ve ardından biberiye serpin.

d) Dilimlemek için elmalarla birlikte sıcak servis yapın.

42. Patlıcanlı ızgara ekmek

Verim: 6

Bileşen

- 2 patlıcan
- 2 adet kırmızı dolmalık biber
- 2 ila 3 yemek kaşığı sızma zeytinyağı
- 1 diş sarımsak, çok ince Bölünmüş
- 6 dilim köy veya köylü ekmeği
- 1 büyük diş sarımsak, yarıya
- 2 veya 3 küçük olgun domates, yarıya bölünmüş; bilge
- tatmak için sızma zeytinyağı
- tatmak için deniz tuzu

Talimatlar

a) Bir ızgarada sıcak bir ateş hazırlayın veya ızgarayı ısıtın. Patlıcan ve kırmızı biberleri ızgaraya veya ızgaranın altına yerleştirilmiş sığ bir tavaya koyun.

b) Sebzeleri tamamen kararana ve patlıcan yumuşayana kadar ızgara yapın, birkaç dakikada bir maşayla yavaşça döndürün.

c) 20 dakika sonra sebzeleri ambalajından çıkarın ve kabuklarını soyun. Biberleri uzunlamasına ikiye bölün, çekirdeği çıkarın, tohumları kazıyın ve eti uzun, ince şeritler halinde kesin.

d) Biber ve patlıcanı zeytinyağı ve sarımsak ile bir tabakta karıştırın.

e) Ekmeği henüz sıcakken ızgara yapın; kabuğun üzerine ve her parçanın bir tarafına bir sarımsak fraksiyonu sürün. Yarım domatesleri tost ekmeğinin sarımsakla ovuşturulmuş tarafına sürün.

f) Zeytinyağı serpin, tuz serpin ve bir tutam escalivadanın üzerine yığılır.

43. Izgara kakule Nan ekmeği

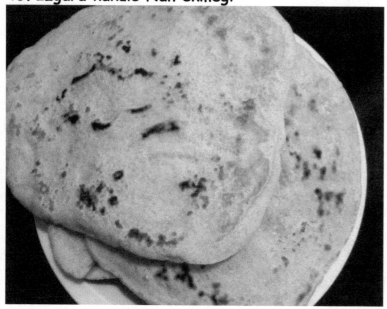

Verim: 8 porsiyon

Bileşen

- 1 Zarf aktif kuru maya

- 1 yemek kaşığı Bal

- 1 yemek kaşığı Zeytinyağı + ekstra

- $3\frac{1}{2}$ su bardağı Ekmek unu

- 1 yemek kaşığı Tuz

- 1 yemek kaşığı Zemin kakule

Talimatlar

a) Büyük bir kapta mayayı suda eritin ve balı karıştırın.

b) Yaklaşık 10 dakika köpürene kadar dinlendirin. 1 T yağ, un, tuz ve kakule ekleyin ve hamur yapışkan bir kütle oluşana kadar karıştırın.

c) Hamuru hafifçe unlanmış bir yüzeye çevirin ve pürüzsüz ve elastik olana kadar yaklaşık 6 dakika yoğurun.

d) Hamuru 8 parçaya bölün ve her parçayı top haline getirin. Topları yağlanmış bir fırın tepsisine koyun ve yağlayın. plastikle gevşek bir şekilde kapağı kapatın ve 1 ila 2 saat arasında iki katına çıkana kadar ılık bir yerde yükselmeye bırakın.

e) Bir ızgarayı yakın veya bir ızgara tavasını veya dökme demir ızgarayı ısıtın.

f) Her Nan'ı zeytinyağı ile hafifçe fırçalayın ve altın rengi olana kadar yaklaşık 1 dakika ızgara yapın.

44. Izgara kaşarlı üzümlü ekmek

Verim: 1 Porsiyon

Bileşen

- 3 yemek kaşığı Tuzsuz tereyağı; yumuşatılmış

- 8 dilim kuru üzümlü ekmek

- $\frac{1}{2}$ pound İnce Bölünmüş ekstra keskin Cheddar peyniri

- 8 dilim pastırma; gevrek olana kadar pişirilir ve kağıt havlu üzerinde süzülür

Talimatlar

a) Büyük bir yağlı kağıt yaprağına her bir ekmek diliminin bir tarafını yağlayın ve dilimleri ters çevirin.

b) Cheddar'ı ekmeğin tereyağsız taraflarına yerleştirin, ekmeği eşit şekilde örtün ve üstteki 4 peynirli parçayı pastırma ile kaplayın. Kalan peynirli ekmeği pastırma üzerine çevirin.

c) Yapışmaz bir ızgarayı orta derecede sıcak olana kadar ısıtın ve sandviçleri gruplar halinde pişirin, metal bir spatula ile hafifçe bastırarak alt kısımları altın rengi olana kadar yaklaşık 1 dakika pişirin.

d) Sandviçleri ters çevirin ve alt kısımları altın rengi olana ve peynir eriyene kadar yaklaşık 1 dakika tekrar bastırarak pişirin.

45. Izgara peynirli ekmek keyfi

Verim: 1 porsiyon

Bileşen

- 6 dilim Ekmek
- 3 kalın dilim peynir
- $\frac{1}{2}$ çay kaşığı Ezilmiş kırmızı biber
- tatmak için tuz
- tereyağı damlası

Talimatlar

a) 3 parçayı yan yana yerleştirin.

b) Her birinin üzerine bir dilim peynir koyun.

c) Biber serpin ve ikinci parça ekmekle kapağı kapatın.

d) Her birini dörde bölün.

e) Küçük şişlerde, her biri 2 çeyrek itin.

f) Bir barbekünün sıcak kömürleri üzerinde ızgara yapın

46. ızgara patates köftesi

Verim: 100 porsiyon

Bileşen

- 1 su bardağı Tereyağı
- 9 Yumurta
- 1 su bardağı Süt
- 22 kilo patates
- $4\frac{1}{2}$ fincan ekmek
- $1\frac{1}{2}$ çay kaşığı kara biber
- 2 yemek kaşığı tuz

Talimatlar

a) kapaklı patatesleri tuzlu suyla örtün; kaynatın; ısıyı azaltmak

b) patatesleri mikser kabında düşük hızda daha küçük parçalara ayrılana kadar, yaklaşık 1 dakika karıştırın.

c) Tereyağı veya margarini ve biberi ekleyin. 3 ila 5 dakika veya pürüzsüz olana kadar yüksek hızda karıştırın.

d) Sütü sulandırın; kaynamaya kadar ısıtın; Patatesleri düşük hızda karıştırın, Harmanlanmış bütün yumurtaları karıştırın. Köfte şekli verin.

e) Köfteleri ekmek kırıntılarına bulayın.

f) Hafifçe yağlanmış ızgarada her iki tarafta 3 dakika veya altın rengi kahverengi olana kadar ızgara yapın.

47. Izgara Fransız ekmek ruloları

Verim: 1 porsiyon

Bileşen

- $\frac{3}{4}$ su bardağı Zeytinyağı

- 6 diş sarımsak; düzleştirilmiş

- 18 büyük boy Fransız ekmeği

- Taze kara biber

Talimatlar

a) Zeytinyağını orta-düşük ısıda ağır orta ızgarada ısıtın. Sarımsak ekleyin ve açık kahverengi olana kadar yaklaşık 4 dakika pişirin.

b) Hazır barbekü

c) Ruloları yatay olarak kesirli olarak ayırın. Yüzeyi sarımsak yağıyla fırçalayın.

d) Biberle cömertçe serpin.

e) Ruloları, yağlanmış tarafı alta gelecek şekilde altın sarısı renk alana kadar ızgara yapın. Sıcak veya oda sıcaklığında servis yapın.

48. Spam ızgara peynir kahramanı

Verim: 4 porsiyon

Bileşen

- 4 dilim İsviçre peyniri

- 2 Erik domates, ince dilimlenmiş

- 8 dilim İtalyan ekmeği

- 1 SPAM olabilir

- $\frac{1}{4}$ fincan Dijon tarzı hardal

- $\frac{1}{4}$ su bardağı İnce Bölünmüş yeşil soğan

- 4 dilim Amerikan peyniri

- 2 yemek kaşığı Tereyağı veya margarin

Talimatlar

a) Peynir ve domatesleri 4 dilim ekmek üzerine eşit şekilde yerleştirin. SPAM'ı domateslerin üzerine koyun.

b) Soğan ve daha fazla peynir serpin.

c) Büyük ızgarada tereyağını eritin. Sandviçleri ekleyin ve orta ateşte kızarana ve peynir eriyene kadar ızgara yapın, bir kez döndürün.

49. ızgara panini

Verim: 1 porsiyon

Bileşen

- 1 çay kaşığı Maya

- $3\frac{1}{4}$ fincan Yüksek dereceli un

- $1\frac{1}{2}$ çay kaşığı Tuz

- $\frac{1}{2}$ çay kaşığı Şeker

- $1\frac{1}{4}$ su bardağı ılık su

- 3 yemek kaşığı Zeytinyağı

Talimatlar

a) Malzemeleri listelenen sırayla ekmek yapma tepsisine yerleştirin.

b) Döngü bittiğinde, hamuru altı parçaya bölün.

c) Hafifçe unlanmış bir yüzeyde hamuru toplar halinde yoğurun ve ardından bir pizza tabanı kalınlığında ovaller halinde yuvarlayın.

d) Panini'yi yaklaşık 7 dakika ya da kabarıp kahverengi olmayana kadar pişirin.

e) Panini'yi, bir kenarını kitap gibi yapıştırarak uzunlamasına kesir.

f) En sevdiğiniz peynir, turşu ve salata malzemelerinin karışımıyla doldurun

g) Sandviç ızgaranızı ısıtın ve Panini'nizi altın rengi kahverengi olana kadar kızartın.

50. ızgara çiftlik ekmeği

Verim: 1 porsiyon

Bileşen

- 1 Çubuk tereyağı veya margarin;

- 2 somun Fransız ekmeği; kesirli olarak kesmek

Talimatlar

a) Karışımı ekmeğin üzerine yayın.

b) Ekmeği altın kahverengi olana kadar 23 dakika ızgaranın altına yerleştirin.

51. Ot soğan ızgara ekmek

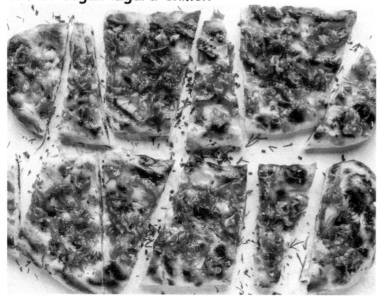

Verim: 6 porsiyon

Bileşen

- 1 paket Aktif kuru maya

- $1\frac{1}{4}$ su bardağı ılık su

- $1\frac{1}{2}$ su bardağı tam buğday veya esmer pirinç unu

- 1 demet yeşil soğan

- 1 yemek kaşığı Biberiye; doğranmış

- 1 yemek kaşığı Kekik; doğranmış

- 1 yemek kaşığı Adaçayı; doğranmış

- 1 yemek kaşığı Zeytinyağı

- 2 çay kaşığı Tuz

- 2 su bardağı Ağartılmamış un

- Pişirme spreyi

Talimatlar

a) Büyük bir kapta mayayı suda eritin ve kabarana kadar yaklaşık 10 dakika dinlendirin. Tam buğday unu, yeşil soğan, biberiye, kekik ve adaçayı yavaşça karıştırın.

b) Katı bir hamur oluşturmak için zeytinyağı, tuz ve $1\frac{1}{2}$ su bardağı beyaz unu karıştırın. Hafifçe unlanmış bir zemine alıp 10 dakika yoğurun, yapışmaması için gerektiği kadar un ekleyin. Bir top haline getirin, geniş, hafifçe püskürtülmüş bir tabağa koyun ve yağlı tarafı yukarı çevirin.

c) Izgarayı orta-sıcakta ısıtın. Hamuru altı topa bölün. Hafifçe unlanmış bir yüzeyde topları 7 inçlik yuvarlayın

d) Ekmekleri hafifçe ızgaraya yerleştirin ve her iki tarafını da 2 ila 3 dakika, ara sıra çevirerek, iyi işaretlenip kızarana kadar pişirin.

52. Biberli ızgara sarımsaklı ekmek

Verim: 8 porsiyon

Bileşen

- 1 Çubuk tuzsuz tereyağı; oda sıcaklığı

- 3 diş sarımsak; preslenmiş

- 1 çay kaşığı toz biber

- 1 çay kaşığı Taze limon suyu

- 16 dilim Fransız ekmeği

- ⅓su bardağı Zeytinyağı

Talimatlar

a) İlk 4 malzemeyi küçük bir kapta karıştırın

b) Tuzlu sezon

c) Ekmeğin her iki tarafını da yağ ile hafifçe fırçalayın.

d) Hafif gevrek ve açık kahverengi olana kadar, her tarafta yaklaşık 2 dakika ızgara yapın.

e) Ekmeğin her iki tarafına sarımsaklı tereyağı sürün.

53. sofrito ızgara ekmek

Verim: 1 Porsiyon

Bileşen

- 1 su bardağı doğranmış kırmızı dolmalık biber

- $\frac{1}{2}$ su bardağı doğranmış soğan

- $\frac{1}{4}$ fincan Paketlenmiş taze kişniş dalları

- 2 diş sarımsak, kıyılmış

- 1 çay kaşığı Kuru kekik, ufalanmış

- $\frac{1}{2}$ çay kaşığı kimyon tohumu

- 12 dilim yağsız ekmek

Talimatlar

a) Ekmek hariç tüm malzemeleri blenderda pürüzsüz olana kadar püre haline getirin. Küçük, ağır bir tencerede sofritoyu 3 dakika karıştırarak kaynatın ve tuz ve karabiberle tatlandırın.

b) Her bir ekmek parçasının 1 tarafına yayın ve sofrito tarafı aşağı bakacak şekilde, parlayan kömürlerin üzerine 5 ila 6 inçlik bir Pam püskürtmeli rafta, altın rengi kahverengi olana kadar, yaklaşık 2 dakika ızgara yapın.

54. Yumurta sarısı ile ızgara porcini

Verim: 4 porsiyon

Bileşen

- 2 pound Taze porcini

- 3 yemek kaşığı sızma zeytinyağı artı

- 2 yemek kaşığı

- 4 Yumurta, jumbo

Talimatlar

a) Mantarları $\frac{1}{4}$ inç kalınlığında dilimleyin ve yağ, tuz ve karabiber serpin. Mantarları ızgaraya yerleştirin ve yumuşayana ve sulu olana kadar, her iki tarafta yaklaşık 2 dakika pişirin.

b) Bu arada, kalan yağı yapışmaz 12 inçlik bir tavada sigara içilene kadar ısıtın.

c) Yumurtaları, sarıları kırılmamış halde kalacak şekilde tavaya kırın ve beyazları sertleşene kadar pişirin. Tavayı ocaktan alın ve 3 dakika dinlenmeye bırakın. Mantarları servis tabağına alın.

d) Yumurtaların beyazlarını kesin ve yumurta sarılarını dikkatlice mantarların üzerine koyun ve hemen servis yapın.

55. ızgara mısır ekmeği

İçindekiler

- 1 su bardağı mısır unu
- 1 su bardağı un
- 2 çay kaşığı. kabartma tozu
- 3/4 çay kaşığı. tuz
- 1 su bardağı süt
- 1/4 su bardağı bitkisel yağ

Talimatlar

a) Kuru malzemeleri karıştırın. Sıvıları karıştırın.

b) İyi yağlanmış bir ızgaraya kaşıkla

c) Ortası sertleşene kadar pişirin.

ÇÖREK

56. Amerikan tatlısı

Verim: 16 Porsiyon

Bileşen

- $\frac{1}{2}$ su bardağı Süt

- $\frac{1}{2}$ su bardağı Tereyağı

- $\frac{1}{3}$su bardağı şeker

- 1 çay kaşığı Tuz

- 1 paket Maya

- $\frac{1}{4}$ su bardağı ılık su

- 1 yumurta; ayrılmış

- 3 Bütün yumurta; dövülmüş

- $3\frac{1}{4}$ fincan Un; elenmiş

Talimatlar

a) Sütü kaynatın ve ılık olacak şekilde soğutun.

b) Yavaş yavaş şeker ekleyerek tereyağını krema haline getirin. Tuz ekle.

c) Mayayı suda yumuşatın.

d) Süt, kremalı karışım ve mayayı karıştırın. Yumurta sarısını, bütün yumurtaları ve unu ekleyip tahta kaşıkla 2 dakika çırpın.

e) Örtün ve yaklaşık 2 saat veya daha kısa sürede, toplu olarak iki katından fazla olana kadar ılık bir yerde yükselmeye bırakın.

f) Karıştırın ve iyice çırpın. Folyo ile sıkıca örtün ve gece boyunca soğutun.

g) Fırını sıcak (425F) dereceye ısıtın; rafı alta yakın yerleştirin.

h) Hamuru karıştırın ve unlanmış bir tahta üzerine açın. Hamurun dörtte birinden biraz daha az kesip ayırın.

i) Kalan hamuru 16 parçaya bölün ve eşit büyüklükte toplar oluşturun.

j) İyi yağlanmış çörek tepsisine (2 /$\frac{3}{4}$ x 1$\frac{1}{4}$ inç derinliğinde) yerleştirin.

k) Küçük hamur parçasını 16 parçaya kesin ve pürüzsüz toplar haline getirin. Parmağınızı hafifçe nemlendirin ve her büyük topta bir çöküntü yapın. Her depresyona küçük bir top yerleştirin. Örtün ve ılık bir yerde, toplu olarak iki katına çıkana kadar, yaklaşık 1 saat yükselmeye bırakın.

l) Kalan yumurta beyazını bir çay kaşığı şekerle çırpın. Börek üzerine fırçalayın. Kahverengi olana kadar pişirin veya 15 - 20 dakika.

57. örgülü börek

Verim: 1 Porsiyon

Bileşen

- ⅓su bardağı Su

- 2 büyük Yumurta

- 2 büyük yumurta sarısı

- ¼ pound Tereyağı veya margarin

- 2½ su bardağı Çok amaçlı un

- 3 yemek kaşığı Şeker

- ½ çay kaşığı Tuz

- 1 paket Aktif kuru maya

- 2 pound somun:

- ⅓su bardağı Su

- 3 büyük Yumurta

- 2 büyük yumurta sarısı

- ⅜ pound Tereyağı veya margarin

- 3⅓fincan Çok amaçlı un

- $\frac{1}{4}$ su bardağı Şeker

- $\frac{1}{2}$ çay kaşığı Tuz

- 1 paket Aktif kuru maya

Talimatlar

a) Üreticinin talimatlarına göre malzemeleri ekmek makinesi tavasına ekleyin.

b) Tatlı veya hamur döngüsünü seçin. 3. Döngünün sonunda, hamuru çok amaçlı un ile hafifçe kaplanmış bir tahta üzerine kazıyın. Hamuru 3 eşit parçaya bölün. $1\frac{1}{2}$ kiloluk bir somun yapıyorsanız, her parçayı yaklaşık 12 inç uzunluğunda bir ip oluşturacak şekilde yuvarlayın.

c) 2 kiloluk bir somun için, her parçayı yaklaşık 14 inç uzunluğunda bir ip oluşturacak şekilde yuvarlayın. Halatları, tereyağlı 14 x 17 inçlik bir fırın tepsisine yaklaşık 1 inç aralıklarla paralel olarak yerleştirin.

d) İpleri bir ucundan birbirine kıstırın, gevşek bir şekilde örün, ardından örgü ucunu birbirine kıstırın.

e) Somunu plastik sargıyla hafifçe örtün ve kabarık olana kadar yaklaşık 35 dakika ılık bir yerde bekletin. Plastik sargıyı çıkarın.

f) 1 büyük yumurta sarısını 1 yemek kaşığı su ile çırpın. Yumurta karışımı ile fırça örgü.

g) 350 F fırında altın kahverengi olana kadar yaklaşık 30 dakika pişirin. Dilimlemeden en az 15 dakika önce bir rafta soğutun. Sıcak, ılık veya soğuk servis yapın.

58. Meyve ve fındıklı börek

Verim: 6 porsiyon

Bileşen

- 1 yemek kaşığı Yaş maya

- 150 mililitre Ilık süt

- 250 gram Un

- 4 Yumurta çırpılmış

- 1 tutam tuz

- 4 yemek kaşığı Şeker

- $\frac{1}{2}$ su bardağı badem

- $\frac{1}{2}$ su bardağı Fındık

- $\frac{1}{4}$ fincan Kuru üzüm veya çekirdeksiz kuru üzüm

- ⅓su bardağı kuş üzümü

- ⅓su bardağı kuru kayısı, dilimlenmiş

- Birkaç glace kiraz

- 170 gram Saf Yeni Zelanda Tuzsuz Kremalı Tereyağı, yumuşatılmış ancak eritilmemiş

Talimatlar

a) Fırını 170C'ye önceden ısıtın. Mayayı sütün içinde eritin. Un, yumurta, tuz, şeker, fındık ve meyve ekleyin. İyice çırpın. örtün ve toplu olarak iki katına çıkana kadar ılık bir yerde yükselmeye bırakın.

b) Yumruklayın, tereyağı ekleyin ve tereyağı topakları kalmadığından emin olarak iyice çırpın. İyice yağlanmış somun kalıbına dökün (karışım kalıbın yarısını doldurmalıdır).

c) Teneke $\frac{3}{4}$ dolana kadar tekrar yükselmesine izin verin. 170 derecede kürdan temiz çıkana kadar yaklaşık 20-25 dakika pişirin. Dilimlemeden önce soğutun 6 kişilik.

59. vanilyalı tatlı

Verim: 2 porsiyon

Bileşen

- 3 Zarf aktif kuru maya

- $\frac{1}{2}$ su bardağı ılık süt (yaklaşık 110 derece)

- 1 Vanilya fasulyesi, bölünmüş

- 5 su bardağı Un

- 6 Yumurta

- $\frac{1}{2}$ su bardağı Ilık su (110 derece)

- 3 yemek kaşığı Şeker

- 2 çay kaşığı Tuz

- 3 çubuk artı 2 yemek kaşığı

- Tereyağı, oda sıcaklığı

- 1 Yumurta sarısı, çırpılmış

Talimatlar

a) Fırını önceden 400 derece F'ye ısıtın. Mayayı ve sütü küçük bir kapta birleştirin ve mayayı eritmek için karıştırın. 1 su bardağı un ekleyin ve iyice karıştırmak için karıştırın. Bir bıçak kullanarak vanilya çubuğunu kazıyın ve hamuru maya karışımına karıştırın. Fermantasyona izin vermek için oda sıcaklığında, hava akımı olmayan sıcak bir yerde yaklaşık 2 saat bekletin.

b) 2 su bardağı unu geniş bir karıştırma kabına alın. 4 adet yumurtayı teker teker ekleyin ve her eklemede tahta kaşıkla una iyice dövün. Hamur yapışkan, kalın ve süngerimsi olacaktır.

c) Su, şeker ve tuzu ekleyin ve kuvvetlice çırparak iyice karıştırın. 3 çubuk tereyağını ekleyin ve iyice karışana kadar elinizle hamura yedirin. Kalan 2 yumurtayı ekleyin ve hamura iyice karıştırın. Kalan 2 su bardağı unu ekleyin ve hamura karıştırın, parmaklarınızla topakları kırın. Maya karışımını ekleyin.

d) Ellerinizi kullanarak yoğurun ve marş hamurunu hamura katlayın. Her şey iyice karışana kadar yaklaşık 5 dakika yoğurmaya ve katlamaya devam edin. Hamur yapışkan ve nemli olacaktır. Temiz bir bezle örtün ve yaklaşık 2 saat iki katına çıkana kadar sıcak, hava akımı olmayan bir yerde mayalanmaya bırakın.

e) Somun yapmak için, kalan 2 yemek kaşığı tereyağı ile iki adet 9x5x3 inçlik somun tavalarını hafifçe yağlayın. Rulo yapmak için 12 adet standart boy muffin kalıbını yağlayın.

Parmaklarınızla hamuru hafifçe bastırın. Hamuru 2 eşit parçaya bölün ve tavalara yerleştirin.

f) Rulolar için hamuru 12 eşit parçaya bölün ve muffin kaplarına yerleştirin. Üstlerine yumurta sarısı sürün. Üzerini örtüp sıcak, hava akımı olmayan bir yerde iki katına çıkana kadar yaklaşık 1 saat mayalanmaya bırakın.

g) Somunları 25 ila 30 dakika ve ruloları 20 dakika veya altın rengi kahverengi olana kadar pişirin. Tavaları fırından çıkarın ve tel raflarda soğutun. Somunları veya ruloları tavalardan çıkarın ve tel ızgara üzerinde tamamen soğutun.

60. Patates "börek"

Verim: 1 Porsiyon

Bileşen

- 1½ pound Haşlanmış patates, soyulmuş ve dörde bölünmüş

- 4 yemek kaşığı tuzsuz tereyağı, oda sıcaklığında parçalar halinde kesilmiş

- 3 büyük yumurta sarısı

- ½ çay kaşığı Tuz

- Tatmak için beyaz biber

- 1 çay kaşığı Süt

- Üstte 2 1/2-inç ölçülerinde, soğutulmuş 8 adet iyi tereyağlı minyatür börek kalıbı

Talimatlar

a) Bir su ısıtıcısında patatesleri soğuk suyla kaplayın ve tuzlu suyu kaynatın. Patatesleri 12 ila 15 dakika veya yumuşayana kadar pişirin. Patatesleri süzün ve bir kıyma makinesinden bir kaseye zorlayın.

b) Tereyağı, 2 yumurta sarısı, tuz ve beyaz biberi karıştırın ve karışımı en az 20 dakika veya 2 saate kadar soğumaya bırakın.

c) Fırını 425 derece F'ye ısıtın.

d) Karışımın ¼ fincanını hafifçe unlanmış bir yüzeye aktarın, hafifçe unlanmış ellerle bilye büyüklüğünde bir parça koparın ve ayırın. Büyük kısmı yuvarlayarak pürüzsüz bir top haline getirin ve soğutulmuş kalıplardan birine yavaşça bırakın. Topun tepesinde hafifçe sığ bir girinti yapın, ayrılmış bilye büyüklüğündeki kısmı pürüzsüz bir top haline getirin ve girintiye dikkatlice yerleştirin.

e) Küçük bir kapta, son yumurta sarısını sütle birleştirin ve kalıbın kenarından aşağı düşmemesine dikkat ederek her bir tatlı çörek üzerine yumurta sarısı sürün. Bir fırın tepsisine 25 ila 30 dakika ya da altın kahverengi olana kadar pişirin. 20 dakika boyunca bir rafta soğumaya bırakın.

f) Kenarları metal bir şiş ile gevşetin ve kalıplardan dikkatlice çıkarmak için ters çevirin.

g) Bir gün önceden yapılabilirler. Soğutulmuş ve üstü kapalı olarak saklayın ve 15 dakika boyunca 400 derece F'de yeniden ısıtın.

PİDE EKMEK

61. Temel pide

Verim: 24 küçük pide

Bileşen

- 2 su bardağı ılık su
- 2 yemek kaşığı Maya
- $\frac{1}{2}$ çay kaşığı Şeker
- 2 çay kaşığı Tuz
- 5 su bardağı Beyaz un

Talimatlar

a) Büyük bir kaseye su dökün ve mayayı ekleyin. Karıştırın ve şeker ve tuzu ekleyin. Unu azar azar ekleyin, karışım pürüzsüz olana kadar sürekli karıştırın. Ellerinizle başka bir $\frac{1}{2}$ fincan unu karıştırın, hamur artık yapışkan olmayana kadar yoğurun. Bir tahta üzerinde 5 dakika daha yoğurun.

b) Hamuru dikdörtgen şeklinde şekillendirin. Uzunlamasına ortadan ikiye kesin ve 24 parçaya bölün (veya 12 büyük pide yapın). Her parçayı pürüzsüz bir top haline getirin ve her bir topu unlu bir yüzeye koyun. Nemli bir bezle örtün. Her topa düz basın. Bir oklava ile, hamuru her ruloyu $\frac{1}{4}$ tur döndürerek merkezden dışarı doğru yuvarlayın.

c) Küçük bir pide 5 ila $5\frac{1}{2}$ "çapında ve $\frac{1}{4}$" kalınlığında olmalıdır. (Büyük olanlar 8" çapında olmalıdır). Pideleri ters çevirin ve kırışıklıkları düzeltin.

d) Somunların kabarması bitmeden 15 dakika önce fırını önceden 500F'ye ısıtın ve yağlanmamış bir fırın tepsisini ısıtın. Her somun yuvarlandığında, unlu bir yüzeye koyun, kuru temiz bir havluyla örtün ve 30 ila 45 dakika mayalanmaya bırakın. Sıcak fırın tepsisine pideleri yerleştirin.

e) Fırının alt rafında kabarıp altı hafif kızarana kadar, küçük olanlar için 4 dakika, büyük olanlar için 3 $\frac{1}{2}$ dakika pişirin. İstenirse, pideyi diğer tarafta kahverengiye çevirin.

f) Fırından çıkarın, işlemek için yeterince soğuyuncaya kadar kuru havlulara sarın.

g) Sıcak veya oda sıcaklığında servis yapın.

62. dana pide

Verim: 12 porsiyon

Bileşen

- 2 kilo Kıyma

- 1 orta boy Soğan, Doğranmış

- 4 diş Sarımsak, Kıyılmış

- $\frac{1}{2}$ kilo Taze Mantar, Dilimlenmiş

- 1 Defne Yaprağı

- $1\frac{1}{4}$ çay kaşığı Tuz

- $\frac{1}{2}$ çay kaşığı Pul Biber

- $\frac{1}{2}$ çay kaşığı Kimyon Tozu

- $\frac{1}{4}$ çay kaşığı Tarçın

- 8 ons Domates Sosu

- Maydonoz dalı

- 12 Kiraz Domates

- $\frac{1}{3}$ fincan Bordo veya Gül Şarabı

- 1 yumurta

- 8 ons Krem Peynir, Yumuşatılmış

- 1 su bardağı Kremalı Süzme Peynir

- $\frac{1}{2}$ su bardağı ufalanmış beyaz peynir

- $\frac{1}{2}$ su bardağı Tuzsuz Tereyağı, Eritilmiş

- 8 ons Phyllo Yaprakları

- $\frac{1}{4}$ su bardağı Kuru Ekmek Kırıntısı

- Taze Meyveli Kebaplar

Talimatlar

a) Büyük bir tavada kıyma, soğan ve sarımsağı birleştirin; sığır eti pembe rengini kaybedene kadar sık sık karıştırarak pişirin. Damlaları dökün.

b) Mantar, defne yaprağı, tuz, biber tozu, kimyon tozu ve tarçın ekleyin; sık sık karıştırarak mantarlar yumuşayana kadar yaklaşık 5 dakika pişirin. Domates sosu ve şarabı karıştırın; 10 dakika ara sıra karıştırarak kapağı kapalı olarak pişirin.

c) Defne yaprağını çıkarın. Peynir dolgusunu hazırlarken soğutun. Orta kasede yumurta ve krem peyniri birleştirin, pürüzsüz olana kadar elektrikli karıştırıcı ile çırpın.

d) Süzme ve beyaz peynirleri karıştırın ve karıştırın. Eritilmiş tereyağı ile 13 x 9 inçlik fırın tepsisini fırçalayın. 1 yaprak hamur işi ile hizalı tepsi, pastayı tepsinin dış hatlarına uydurun. (Börek kalıbın kenarlarına gelecek.) Böreği tereyağı ile fırçalayın. Her birini tereyağı ile fırçalayarak 3 hamur yaprağı daha yerleştirin.

e) Üzerine ekmek kırıntılarını eşit şekilde serpin. Kaşık ⅕et dolgusu kırıntıların üzerine ve ⅕peynir dolgusu et üzerine. 1 adet yufkayı peynirli harcın üzerine kalıbın içine sığacak şekilde buruşturarak yerleştirin; tereyağı ile fırçalayın ve etin ⅕ve ⅕ile peynir dolgularının üzerine sürün.

f) Her birini kırıştırarak, tereyağı ile fırçalayarak ve dolgularla süsleyerek 3 tane daha hamur işi yaprağıyla tekrarlayın. Alt hamur işlerini doldurmanın üzerine çevirin. Kalan 8 yufkayı, her birine tereyağı sürerek düzgün bir şekilde yerleştirin.

g) Üstteki pasta yapraklarını spatula ile tepsinin iç kenarlarına sıkıştırın. Keskin bir bıçakla, boyuna yarıya ve çapraz olarak altıya hafifçe vurun. (Kesmeyin.) Orta dereceli fırında (350 derece F.) 1 saat veya üstü altın rengi olana kadar pişirin. Puanlı çizgiler boyunca kesmeden önce en az 10 dakika soğutun. 12 küçük tahta parçanın her birine bir kiraz domates yerleştirin ve her porsiyonun ortasına bir parça yerleştirin.

h) Maydanozla süsleyin. İsterseniz, bireysel porsiyonları taze meyve kebaplarıyla süsleyin.

63. Altın Pide Ekmeği

VERİM 8 pide

İçindekiler

- 3 su bardağı (360g) King Arthur Ağartılmamış Çok Amaçlı Un

- 2 çay kaşığı instant maya

- 2 çay kaşığı Kolay Rulo Hamur İyileştiricisi

- 2 çay kaşığı toz şeker

- 1 1/2 çay kaşığı (9g) tuz

- 1 su bardağı (227 gr) su

- 2 yemek kaşığı (25 gr) bitkisel yağ

Talimatlar

a) Ununuzu tartın; ya da bir bardağa hafifçe kaşıklayarak, ardından fazlalıkları süpürerek. Unu malzemelerin geri kalanıyla birleştirin, tüylü/kaba bir hamur oluşturmak için karıştırın.

b) Hamuru elle (10 dakika) veya mikser (5 dakika) veya ekmek makinesi (hamur döngüsüne ayarlanmış) ile pürüzsüz olana kadar yoğurun.

c) Hamuru hafif yağlanmış bir kaba alıp 1 saat dinlenmeye bırakın; Toplu olarak iki katına çıkmasa da oldukça kabarık hale gelecektir. Bir ekmek makinesi kullandıysanız, makinenin döngüsünü tamamlamasına izin verin.

d) Hamuru hafif yağlanmış tezgaha alıp 8 parçaya bölün.

64. Ev yapımı Yunan Pidesi

İçindekiler

- 1 çay kaşığı toz şeker

- İki adet 1/4-oz. aktif kuru maya paketleri

- 13-1 / 2 oz. (3 su bardağı) ağartılmamış çok amaçlı un; toz almak için daha fazla

- 13-1 / 2 oz. (3 su bardağı) tam buğday unu

- 2 çay kaşığı koşer veya deniz tuzu; yağmurlama için daha fazla

- 1/3 bardak artı 2 yemek kaşığı. sızma zeytinyağı

Talimatlar

a) Hamurun yapılışı: 1 su bardağı ılık suyun içerisine sıvı ölçülerde şeker ilave edilerek karıştırılır. Mayayı karıştırın ve maya köpürene kadar 5-10 dakika bekletin.

b) Bir stand mikserin kasesinde, hem unları hem de tuzu karıştırın. Ortasını havuz gibi açıp maya karışımını, 1/3 su bardağı sıvı yağı ve 1 su bardağı ılık suyu kuyunun içine dökün.

c) Hamur pürüzsüz ve elastik hale gelene ve kancanın etrafında toplanana kadar düşük hızda hamur kancasıyla karıştırın, 4 ila 5 dakika.

d) Hamuru elinizle top haline getirin. Karıştırma kabını silin ve hamuru tekrar kaseye koyun. Kalan 2 yemek kaşığı ile hamuru çiseleyin. yağlayın ve hamurun her yerini hafifçe kaplayacak şekilde çevirin.

e) Bir bezle örtün ve yaklaşık 1 saat boyunca iki katına çıkana kadar ılık bir yerde bekletin.

f) Hamuru elinizle hafifçe söndürün, örtün ve 20 dakika dinlendirin.

g) Pideleri şekillendirin: Hamuru hafif unlanmış tezgaha alın. Hamuru yaklaşık 3-3/4 oz olacak şekilde 12 eşit parçaya bölün. her biri.

h) Her parçayı kaba bir top haline getirin ve ardından her bir topu tezgahın unsuz bir bölümüne koyun, elinizi üzerine koyun ve elinizi hızlıca hamurun üzerinde döndürün. Hamur tezgaha biraz yapıştığı sürece, bu hareket hamuru sıkı, eşit yuvarlak bir top haline getirir.

i) Tezgahın unlu kısmında, her parçayı yaklaşık 7 inç çapında 1/8 inç kalınlığında bir yuvarlak haline getirin. Her turu bitirdiğinizde, hafifçe unlanmış bir yüzeye koyun. Tüm hamur yuvarlandığında, turları nemli bir bezle (veya iki tane) örtün ve tekrar yaklaşık 1 saat dinlendirin - biraz kabarık olacaklar ama boyutları iki katına çıkmayacak.

j) Bu arada, fırının altına bir raf yerleştirin ve fırını 500 ° F'ye ısıtın.

k) Pideleri pişirin: Hamur halkalarını hafifçe tuz serpin. Kenarları açılmamış, yağlanmamış bir fırın tepsisine üst üste binmeden sığabilecek kadar çok tur düzenleyin ve pidelerin üstü altın rengine dönene kadar 5 ila 6 dakika pişirin. Her parti fırından çıktığında, pideleri 3 veya 4 yükseğe koyun ve temiz mutfak havlularına sarın.

l) Hemen servis yapın veya oda sıcaklığına soğumaya bırakın. İyi sarılmış, buzdolabında 3 gün veya dondurucuda 6 ay kalacaklar. Servis yapmadan önce yumuşaması için sıcak bir fırında tekrar ısıtın.

ODAK

65. elma çeşitleri

Verim: 8 porsiyon

Bileşen

Hamur:

- 1 küçük elma, özlü ve dörde bölünmüş

- 2 su bardağı ağartılmamış beyaz un, ayrıca yoğurmak için yaklaşık 2 Çay kaşığı

- $\frac{1}{4}$ çay kaşığı Tarçın

- 1 yemek kaşığı Şeker veya 2 t bal

- 1 Yetersiz t Çabuk kabaran maya

- $\frac{1}{4}$ Çay kaşığı tuz

- ⅓ila 1/2 C sıcak musluk suyu

- ⅓ su bardağı kuru üzüm

Dolgu:

- 4 orta boy elma

- $\frac{1}{2}$ limon suyu

- Bir tutam beyaz biber

- Bir tutam karanfil

- bir tutam kakule

- Bir tutam hindistancevizi

- Bir tutam öğütülmüş zencefil

- 1 ton. vanilya özü

- $\frac{1}{4}$ ila $\frac{1}{3}$C. şeker veya bal

- $\frac{1}{4}$ ila $\frac{1}{2}$ C. esmer şeker veya

- 2 T pekmez

- 1 ton. Mısır nişastası

Sır:

- 2 T. kayısı reçeli veya reçeli

- 1 ton. su

Talimatlar

Hamur:

a) Dörde bölünmüş elmayı yaklaşık 20 saniye mutfak robotunda işleyin; ayrı bir kaba aktarın.

b) 2 C. un, tarçın, şeker veya bal, istenirse maya ve tuzu mutfak robotuna ekleyin; işlem 5 saniye. İşlenmiş elma ekleyin; ilave 5 saniye boyunca işlem yapın. İşlemci çalışırken, besleme borusundan kademeli olarak $\frac{1}{3}$C sıcak su ekleyin. Makineyi durdurun ve hamuru yaklaşık 20 saniye dinlendirin. Hamur yumuşak bir top oluşturana ve kasenin kenarları temiz olana kadar besleme borusundan yavaş yavaş su eklemeye ve işlemeye devam edin. 2 veya 3 kez daha nabız atın.

c) Temiz yüzeye kuru üzüm ve 1 T un serpin. Hamuru yüzeye çevirin ve kuru üzümleri dahil etmek için yaklaşık 1 dakika yoğurun. Hamur çok yapışkan ise un ekleyin.

d) Plastik torbanın içini hafifçe unlayın. Hamuru torbaya koyun, kapatın ve ılık, karanlık bir yerde 15 ila 20 dakika dinlendirin.

e) Hamuru 12 ila 14 inç çapında bir daireye yuvarlayın. Yağlanmış tavaya veya fırın tepsisine dizin. Bir mutfak havlusu ile örtün ve iç harcı hazırlarken ılık bir yere koyun. Fırını 400 dereceye ısıtın.

Dolgu:

f) Elmaları kağıt inceliğinde çekirdeklerini çıkarıp dilimleyin. Elma dilimlerinin üzerine limon suyu serpin. Kalan dolgu malzemelerini ekleyin ve iyice karıştırın.

g) Kaşık hamura doldurulur. 20 dakika pişirin, ardından tavayı 180 derece çevirin. Fırın sıcaklığını 375 dereceye düşürün ve 20 dakika daha veya elmalar kızarana kadar pişirin. Tavada 5 dakika soğutun. Tavadan çıkarın ve tel ızgara üzerinde iyice soğutun.

Sır:

h) Küçük bir tencerede reçel veya reçelleri eritin. Su ekleyin ve kuvvetlice karıştırarak kaynatın. Elmaların üzerine krema sürün ve servis yapın.

66. Temel odaklar

Verim: 4 Porsiyon

Bileşen

- $2\frac{1}{4}$ çay kaşığı Aktif kuru maya

- 3 su bardağı Ekmek unu

- $\frac{1}{2}$ çay kaşığı Tuz

- $\frac{1}{2}$ çay kaşığı Şeker

- 1 su bardağı Su; artı

- 2 yemek kaşığı Su

- 1 yemek kaşığı Zeytinyağı

- 2 yemek kaşığı Sızma zeytinyağı

- 2 çay kaşığı Kaba tuz

- Taze çekilmiş karabiber

Talimatlar

a) Makine Prosedürü (2 fincan kapasiteli ekmek makinesi için): Aksi belirtilmedikçe tüm malzemeler oda sıcaklığında olmalıdır.

b) Topingler hariç malzemeleri ekmek makinenizin kullanım kılavuzunda belirtilen sırayla ekleyin. Ekmek makinesini hamur/manuel ayara getirin. Programın sonunda sil/durdur düğmesine basın. Hamuru yumruklamak için başlat düğmesine basın ve 60 saniye yoğurun. Sil/durdur'a tekrar basın. Hamuru çıkarın ve elle şekillendirmeden önce 5 dakika dinlendirin.

c) Ekmek makinenizin hamur/manuel ayarı yoksa normal ekmek yapma prosedürünü uygulayın, ancak hamurun yalnızca bir kez yoğrulmasına izin verin. Yoğurma döngüsünün sonunda temizle/durdur düğmesine basın. İlk 30 dakikadan sonra hamurun fazla kabarıp kabarmadığından ve kapağa değip değmediğinden emin olmak için kontrol ederek hamuru 60 dakika mayalandırın. Başlat'a basın ve hamurun aşağı inmesi için makinenin 60 saniye çalışmasına izin verin.

d) Sil/durdur'a tekrar basın. Hamuru çıkarın ve elle şekillendirmeden önce 5 dakika dinlendirin.

e) El Şekillendirme Tekniği: Ellerinizi un serpin. Parmak uçlarınızla hamuru 13-X 9-X 1 inçlik hafif yağlanmış bir fırın tepsisine eşit şekilde yayın. Temiz bir mutfak bezi ile örtün. Yaklaşık 30 ila 60 dakika, yüksekliği iki katına çıkana kadar yükselmesine izin verin.

f) Fırını 400F'ye ısıtın. Yükselen hamurun yüzeyine parmak uçlarınızla hafif girintiler yapın. Sızma zeytinyağı ile fırçalayın ve kaba tuz ve karabiber serpin.

g) Fırının alt rafında yaklaşık 30 ila 35 dakika veya altın rengi kahverengi olana kadar pişirin. Tavada soğumaya bırakın. On iki eşit parçaya bölün ve oda sıcaklığında servis yapın.

67. fesleğen sarmal focaccia

Verim: 8 Porsiyon

Bileşen

- $2\frac{1}{2}$ çay kaşığı Aktif kuru maya

- $\frac{1}{2}$ su bardağı ılık su

- $\frac{1}{2}$ fincan Artı

- 2 yemek kaşığı Su; oda sıcaklığı

- $\frac{1}{2}$ su bardağı Hafif tadımlık sızma zeytinyağı

- 500 gram ağartılmamış normal un

- $1\frac{1}{2}$ çay kaşığı Deniz tuzu (en fazla)

- 3 yemek kaşığı Hafif sızma zeytinyağı

- 1 büyük demet taze fesleğen; yaklaşık 1,5 ila 2 bardak sıkıca paketlenmiş yaprak

- 1 yemek kaşığı Sızma zeytinyağı

Talimatlar

a) Geniş bir kapta ılık suya mayayı çırpın; kremsi olana kadar bekletin, yaklaşık 10 dakika. Oda sıcaklığındaki suyu ve yağı karıştırın.

b) Hamuru elle yapıyorsanız unu ve tuzu birleştirin, 2 seferde ekleyin ve hamur iyice toparlanana kadar karıştırın. Hafifçe unlanmış bir yüzeyde 4-5 dakika yoğurun, hamuru kısa bir süre dinlendirin ve bir iki dakika daha yoğurmayı bitirin. Hamur yumuşak ve kulak memesi kadar hassas olacaktır.

c) Ağır hizmet tipi bir elektrikli karıştırıcı kullanıyorsanız, bir hamur oluşturana kadar un ve tuzu maya karışımına karıştırmak için kürek ataşmanını kullanın. Hamur kancasını değiştirin ve 2 ila 3 dakika ya da hamur kulak memesi kadar yumuşak olana kadar yoğurun.

d) İLK KALDIRMA: Hamuru hafif yağlanmış bir kaba koyun, üzerini streç filmle sıkıca kapatın ve yaklaşık 1 saat ila 1 saat 15 dakika arasında iki katına çıkana kadar mayalanmaya bırakın.

e) ŞEKİLLENDİRME VE İKİNCİ KIZARTMA: Hamuru hafifçe unlanmış bir çalışma yüzeyinde açın ve hafifçe unlanmış bir oklava ile yaklaşık $\frac{1}{4}$ inç kalınlığında 12 x 18 inçlik bir dikdörtgene yuvarlayın. Hamur kolayca yuvarlanır ve yırtılırsa kolayca onarır. Doldurmak için, 2 ila 3 yemek kaşığı zeytinyağını hamurun üzerine boyayın - iyice, hatta bolca fırçaladığınızdan emin olun - ve ardından yüzeyi kalın bir fesleğen yaprağı halısıyla örtün.

f) Hamuru jöle rulosu gibi uzun ucundan yuvarlayın. 10 x 4 inçlik bir melek maması tüpü tavasını çok iyi yağlayın ve hamuru, dikiş tarafı aşağı gelecek şekilde içine kaydırın.

g) Pişirme: Pişirmeyi planlamadan en az 30 dakika önce fırını, varsa içinde bir fırın taşıyla 200C/400F'ye ısıtın.

h) 1 yemek kaşığı zeytinyağı ile "sfoglierata" nın üstünü fırçalayın. Tavayı doğrudan taşın üzerine yerleştirin ve altın rengi olana kadar yaklaşık 40 dakika pişirin. 15 veya 20 dakika soğumaya bırakın, ardından uzun ince bir bıçağın veya spatulanın ucunu "sfoglierata" ile tava kenarları ve orta boru arasında kaydırarak gevşetin. Bir rafa yerleştirin. Sıcak servis yapın.

68. Ekmek makinesi focaccia

Verim: 2 Tur

Bileşen

- 1 paket (1/4 oz.) aktif kuru maya
- 3 su bardağı Ekmek unu
- 1 çay kaşığı Şeker
- 1 su bardağı Artı 2 yemek kaşığı ılık su
- 3 yemek kaşığı Sızma zeytinyağı
- 1 yemek kaşığı Koşer tuzu
- 2 dal biberiye yaprağı

Talimatlar

a) Maya, un, şeker, tuz ve ılık suyu ekmek makinesi üreticinizin önerdiği sırayla makinenizin kabında birleştirin.

b) Makineyi hamur döngüsüne ve imkanınız varsa Fransız ekmeği veya beyaz ekmek moduna ayarlayın. Kapağı kapatın ve makineyi çalıştırın.

c) Hamur hazır olduğunda ve makine döngünün bittiğini bildirdiğinde, hamuru hafifçe unlanmış bir yüzeye aktarın ve ikiye bölün.

d) Her yarıyı yuvarlak bir disk haline getirin ve diskleri 1 büyük veya 2 küçük fırın tepsisine aktarın. Plastik sargı ile örtün ve toplu olarak iki katına çıkana kadar, genellikle 45 dakika ila 1 saat arasında yükselmeye bırakın. (2 saat kadar sürerse endişelenmeyin.)

e) Diski aşağı doğru bastırın ve her birini yaklaşık $\frac{1}{2}$ inç kalınlığında 8 ila 9 inçlik bir yuvarlak içine yayın. Hamurun üst kısmını çukurlaştırmak için parmak boğumlarınızı kullanın. Örtün ve kabarıp kabarana kadar yaklaşık 45 dakika bekletin; yine, 2 saate kadar iyidir.

f) Fırını önceden 425 F'ye ısıtın. Pişirmeden hemen önce, her bir odağın yüzeyini tekrar çukurlaştırmak için parmak boğumlarınızı kullanın. Yağı yufkanın üzerine gezdirin ve kaşığın tersiyle gamzelere yayın. Focaccia'yı koşer tuzu ile serpin ve biberiye yapraklarını üstüne serpin.

g) Focaccia'yı fırının üst üçte birlik bölümünde yaklaşık 18 dakika ya da üstleri altın rengi ve altları hafifçe kızarıp gevrekleşene kadar pişirin.

h) Bir tel rafa aktarın. Takozlar halinde kesin ve bir kerede servis yapın veya daha sonra soğumaya bırakın ve sarın.

69. peynir çeşitleri

Verim: 12 Porsiyon

Bileşen

- 1 pound Somun dondurulmuş ekmek hamuru; çözülmüş

- 1 yumurta

- 1 su bardağı süzme peynir

- 2 yemek kaşığı Parmesan

- $\frac{1}{2}$ çay kaşığı Kuru fesleğen

- $\frac{1}{2}$ çay kaşığı Kuru kekik yaprağı

- $\frac{1}{4}$ çay kaşığı Sarımsak tuzu

- $\frac{1}{4}$ çay kaşığı Biber

- $\frac{3}{4}$ su bardağı Hazır pizza sosu

- 3 ons Mozzarella

Talimatlar

a) Ekmek hamurunu ikiye bölün. Bir yarısını yağlanmış 13x9 inçlik fırın tepsisine bastırarak uzatın, hamuru kenarlardan yukarı doğru iterek sığ bir kenar oluşturun. Kase içinde yumurtayı çırpın, pizza sosu ve mozzarella peyniri hariç kalan malzemeleri karıştırın.

211

b) Hamurun üzerine eşit şekilde yayın. Hamurun kalan yarısını tavaya sığacak şekilde gerin, dolgunun üzerine yerleştirin ve tamamen sızdırmaz hale getirmek için hamurun kenarlarına bastırın. Yaklaşık 1 saat iki katına çıkana kadar ılık bir yerde mayalanmaya bırakın.

c) Pizza sosunu ekmek hamurunun üzerine eşit şekilde yayın, mozzarella serpin.

d) 375, 30 dakika kenarları kızarana ve peynir eriyene kadar pişirin.

e) 5 dakika soğutun. Kareler halinde kesin.

70. Kolay bitki çeşitleri

Verim: 24 Porsiyon

Bileşen

- 16 ons Paketlenmiş Sıcak Rulo Karışımı

- 1 yumurta

- 2 yemek kaşığı Zeytinyağı

- ⅔fincan Kırmızı Soğan; İnce doğranmış

- 1 çay kaşığı Kuru Biberiye; ezilmiş

- 2 çay kaşığı Zeytinyağı

Talimatlar

a) İki adet 9 x 1½ inç yuvarlak fırın tepsisini, 15 x 10 x 1 inç fırın tepsisini veya 12 ila 14 inç pizza tepsisini hafifçe yağlayın. Kenara koyun.

b) Sıcak rulo karışımı, temel hamur için paketin üzerindeki tarife göre 1 yumurta kullanarak ve paketin üzerinde yazan margarinin yerine 2 yemek kaşığı sıvı yağ koyarak hazırlayın. Hamur yoğurun; belirtildiği gibi dinlenmeye bırakın. Yuvarlak fırın tepsileri kullanıyorsanız, hamuru ikiye bölün; iki 9 inçlik tura yuvarlayın.

c) 2 yemek kaşığı kızgın yağda bir tavada soğan ve biberiyeyi yumuşayana kadar pişirin. Parmak uçlarınızla, hamurun her santiminde girintilere basın.

d) Soğan karışımı ile eşit şekilde hamur toplayın. Üzerini örtüp, yaklaşık iki katı büyüklüğünde (yaklaşık 30 dakika) ılık bir yerde mayalanmaya bırakın.

e) 375 derecelik fırında 15 ila 20 dakika veya altın rengi olana kadar pişirin.

f) Bir tel raf üzerinde 10 dakika soğutun. Tavadan çıkarın ve tamamen soğutun.

71. Focaccia-vejetaryen

Verim: 8 Porsiyon

Bileşen

- Focaccia Hamuru

- Yarım kilo ıspanak, pişmiş, süzülmüş

- Yarım kilo mantar, dilimlenmiş

- 2 su bardağı az yağlı ricotta peyniri,

- 4 ons az yağlı mozzarella peyniri

- $\frac{1}{4}$ fincan Maydanoz, taze, doğranmış

- 1 adet Yumurta akı veya yumurta yerine

Talimatlar

a) Ricotta peynirini süzün. Hamuru 12x9 dikdörtgen olacak şekilde yuvarlayın. Ispanak, sonra ricotta, sonra mantar, ardından mozzarella peyniri ile yayın. Toplanın.

b) Kenarları yumurta akı veya yumurta ikamesi ile kapatın. Daire haline getirin ve daire uçlarını yumurta akı veya yumurta ikamesi ile kapatın. Yumurta ile üst fırçalayın. 350 derecede yaklaşık 40 dakika pişirin.

72. Otlu soğan çeşitleri

Verim: 1 Porsiyon

Bileşen

- $2\frac{3}{4}$ fincan Çok amaçlı un

- 1 paket Hızlı kabaran maya

- $2\frac{1}{2}$ çay kaşığı Kuru kekik yaprağı; ezilmiş

- $\frac{1}{2}$ çay kaşığı Tuz

- 1 su bardağı Çok ılık su; (120-130)

- $\frac{1}{4}$ su bardağı Zeytinyağı

- 2 yemek kaşığı Zeytinyağı

- 1 yumurta

- $1\frac{1}{2}$ su bardağı İnce dilimlenmiş soğan

- 1 çay kaşığı Biberiye; (isteğe bağlı)

- 1 çay kaşığı kaba tuz; (isteğe bağlı)

Talimatlar

a) Büyük bir kapta 1-$\frac{3}{4}$ su bardağı un, ÇÖZÜLMEMİŞ maya, kekik ve tuzu birleştirin. Su ve 2 yemek kaşığı zeytinyağını kuru malzemelerle karıştırın. Sert bir hamur elde etmek için yumurta ve yeterince unu karıştırın. Üzerini örtüp 10 dakika dinlendirin.

b) Bu arada büyük bir tavada $\frac{1}{4}$ fincan zeytinyağı ekleyin ve kızarana kadar ısıtın, soğanları ekleyin, yumuşayana kadar 3 ila 4 dakika pişirin.

c) Hafifçe soğuması için kenara alın. Hafifçe yağlanmış ellerle, meyilli yağlanmış 13 X 9 X 2 inçlik fırın tepsisine yayın. Tahta kaşığın ucuyla veya parmağınızla hamurun yüzeyinde küçük girintiler yapın. Ayrılmış soğan karışımını meyilli üzerine eşit olarak yayın.

d) İstenirse kaba tuz ve biberiye serpin. Plastik sargıyla gevşek bir şekilde örtün, ılık bir yerde iki katına çıkana kadar yaklaşık 30 dakika 400'de 25 dakika pişene kadar pişirin. sıcak servis yap

filizlenmiş ekmek

73. Kabak çekirdeği yonca filizli ekmek

Verim: 15 Porsiyon

Bileşen

- 1 paket Maya

- 2½ fincan Ekmek unu için daha iyi

- 1 su bardağı Buğday unu

- 2 yemek kaşığı Gluten

- 1¼ çay kaşığı Tuz

- ⅓ fincan Anında yağsız kuru süt

- 1 su bardağı yonca filizi; 11 oz.

- ½ su bardağı Kabak çekirdeği; paketlenmiş/yeşil tuzsuz

- 2 yemek kaşığı Bitkisel yağ

- 1 yemek kaşığı Bal

- 1½ su bardağı Çok ılık su

Talimatlar

a) Tüm malzemeleri listelenen sırayla ekleyin, ekmek yapma makinesinde beyaz ekmeği seçin ve "Başla" düğmesine basın.

74. Filiz ekmeği

Verim: 1 Porsiyon

Bileşen

- $\frac{3}{4}$ su bardağı Su

- 2 yemek kaşığı margarin/tereyağı

- 1 yemek kaşığı Şeker

- $1\frac{1}{2}$ çay kaşığı Tuz

- $\frac{1}{2}$ su bardağı Filizlenmiş buğday meyveleri

- $2\frac{1}{2}$ su bardağı Ekmek unu

- 3 yemek kaşığı yağsız kuru süt

- $1\frac{1}{2}$ çay kaşığı Maya

Talimatlar

a) Yaklaşık 2-3 gün (sıcaklığa bağlı olarak) ekmeğinizi pişirmeden önce yarım su bardağı buğday yemişini geceden soğuk suda bekletin.

b) Tülbent veya filizlenme kavanozu ile kaplı bir kavanoz kullanın. Sabah drenaj.

c) "Kuyruklar" görünene kadar günde en az 2 kez veya daha fazla durulayın ve boşaltın. Kuyruklar $\frac{1}{8}$-$\frac{1}{4}$ inç uzunluğunda olabilir. Buğday meyvesi filizi, meyvenin kendisinden daha uzun olmamalıdır.

75. Buğday filizli ekmek

Verim: 2 Porsiyon

Bileşen

- 2 su bardağı ılık su

- 2 çay kaşığı Malt

- 2 yemek kaşığı pekmez

- 1 yemek kaşığı Maya

- 5 su bardağı Sert tam buğday unu

- $\frac{1}{2}$ pound (yaklaşık 2 c) buğday filizi

- 1 çay kaşığı Tuz

- 2 yemek kaşığı peynir altı suyu tozu (isteğe bağlı)

- 3 yemek kaşığı Yağ

- $1\frac{1}{2}$ yemek kaşığı Soya unu

Talimatlar

a) Su, maya, tatlandırıcılar ve iki bardak unu karıştırın.

b) Kabarcık olana kadar bekletin, ardından kalan malzemeleri ekleyin ve iyi bir elastik doku elde etmek için biraz un ekleyerek veya ekleyerek iyice yoğurun.

c) Yağlanmış kapta mayalanmaya bırakın, somun şekli verin ve tekrar mayalanmaya bırakın. 45 dakika boyunca 350 F'de pişirin.

GÖZLEME

76. Ispanaklı Ekmek

VERİM: 20-24

İçindekiler

- 3 su bardağı %100 tam buğday unu

- 2 su bardağı taze ıspanak, doğranmış ve ince doğranmış

- 1 su bardağı su

- 1 çay kaşığı kaba deniz tuzu

Talimatlar

a) Bir mutfak robotunda un ve ıspanağı karıştırın. Bu ufalanan bir karışım haline gelecektir.

b) Suyu ve tuzu ekleyin. Hamur yapışkan bir top haline gelene kadar işleyin.

c) Hamuru derin bir kaba veya hafif unlanmış tezgahınıza aktarın ve pizza hamuru gibi pürüzsüz olana kadar birkaç dakika yoğurun. Hamur yapışkan ise, biraz daha un ekleyin. Çok kuruysa, biraz daha su ekleyin.

d) Bir golf topu büyüklüğünde hamurdan bir parça koparın ve bir top haline getirmek için iki avuç arasında yuvarlayın. Hafifçe düzleştirmek için iki avuç arasında bastırın ve hafifçe unlanmış bir yüzeyde yaklaşık 5 inç çapa gelene kadar yuvarlayın.

e) Orta-yüksek ısıda ağır bir kızartma tavası ısıtın. Sıcak olduğunda, Paratha'yı tavaya koyun ve ters çevrilecek kadar sert olana, ancak tamamen sert veya kuru olmayana kadar 30 saniye ısıtın.

f) 30 saniye karşı tarafını pişirin. Bu sırada yukarıya bakan tarafını hafifçe yağlayın, ters çevirin, diğer tarafını hafifçe yağlayın ve her iki tarafı da hafif pembeleşinceye kadar pişirin.

77. Peynir ve otlu pide

Verim: 2 porsiyon

Bileşen

- 1 paket Maya
- $\frac{1}{4}$ su bardağı ılık su
- 2 yemek kaşığı Margarin
- 1 yemek kaşığı Şeker
- $1\frac{1}{2}$ çay kaşığı Tuz
- $\frac{3}{4}$ su bardağı Süt - haşlanmış
- 3 su bardağı Çok amaçlı un
- 2 yemek kaşığı Soğan - doğranmış
- $\frac{1}{4}$ fincan Margarin - eritilmiş
- $\frac{1}{2}$ çay kaşığı kekik
- $\frac{1}{2}$ çay kaşığı kırmızı biber
- $\frac{1}{4}$ çay kaşığı kereviz tohumu
- $\frac{1}{4}$ çay kaşığı Sarımsak tuzu
- $\frac{1}{2}$ çay kaşığı fesleğen

- 1 su bardağı çedar peyniri, rendelenmiş

a) Mayayı $\frac{1}{4}$ su bardağı ılık suda yumuşatın.

b) Karıştırma kabında 2 yemek kaşığı margarin, şeker, tuz ve haşlanmış sütü birleştirin. Ilık için soğutun.

c) Mayayı süt karışımına karıştırın. Yavaş yavaş un ekleyerek sert bir hamur elde edin. Unun tamamına ihtiyacınız olmayabilir. Pürüzsüz ve saten olana kadar unlu yüzeyde yoğurun; 4 ila 5 dakika.

d) Yağlanmış kaseye alıp üzerini kaplayacak şekilde çevirin. Örtün ve ışığa kadar yükselmeye bırakın; yaklaşık 45 dakika.

e) Hamuru ikiye bölün. Her parçayı 9 inçlik bir pasta veya kek tepsisine bastırın.

f) Soğan, $\frac{1}{4}$ su bardağı eritilmiş margarin, kekik, kırmızı biber, kereviz tohumu, sarımsak tuzu ve fesleğeni birleştirin. Hamurun üzerine yayın. Peynirle eşit olarak serpin. Her birini birkaç yerinden çatalla delin.

g) Yaklaşık 30 dakika veya ışığa kadar yükselmeye bırakın.

h) Önceden ısıtılmış 375 derecelik fırında 20-25 dakika altın rengi olana kadar pişirin.

i) Hala sıcakken servis yapın.

78. Kıtır mısır ekmeği

Verim: 1 porsiyon

Bileşen

- 1 su bardağı esmer pirinç unu + somunları tozlamak için ek

- 1½ çay kaşığı Granül maya

- 2 Çay kaşığı şeker

- 1½ su bardağı Ilık su (110F)

- 1 su bardağı Mısır unu

- ½ su bardağı Mısır nişastası

- 2 çay kaşığı Xantham sakız tozu

- 1 ila 1 1/2 çay kaşığı tuz

- 2 büyük yumurta, oda sıcaklığında

- 1 yemek kaşığı Mısır yağı

Talimatlar

a) ½ su bardağı pirinç unu, maya, şeker ve ½ su bardağı ılık suyu 2 su bardağı ölçüsünde karıştırın; birleştirmek için karıştırın, ardından hacmi iki katına çıkana kadar yaklaşık 10 dakika ılık bir yerde dinlenmeye bırakın.

b) Parşömen kağıdı ile büyük bir fırın tepsisini hizalayın ve üzerine iki adet 8 inçlik daire çizin.

c) Kalan $\frac{1}{2}$ su bardağı pirinç unu, mısır unu, mısır nişastası, ksantan sakızı tozu ve tuzu büyük bir kapta birleştirin; karıştırmak için karıştırın.

d) Yumurtaları hafifçe çırpın; 1 yemek kaşığı somunların üzerini fırçalamak için ayırın. Kalan 1 su bardağı ılık suyu ve mısır yağını çırpılmış yumurtalara ekleyin. Tahta bir kaşık kullanarak yumurta ve maya karışımlarını una karıştırın ve pürüzsüz olana kadar çırpın. Kauçuk bir spatula kullanarak, yumuşak hamuru işaretli parşömen kağıdına daireler halinde yayın ve merkezde hafifçe yığınlayın.

e) Somunları hafifçe yağlanmış plastik sargıyla örtün ve yaklaşık 1 saat, toplu olarak iki katına çıkana kadar yükselmeye bırakın.

f) Fırını 425F'ye ısıtın.

g) Ayrılmış çırpılmış yumurtaya birkaç damla su dökün ve somunların üzerine sürün. Pirinç unu ile hafifçe tozlayın. Bir tıraş bıçağı kullanarak, somunların üst kısımlarını büyük bir elmas ızgara desenine bölün.

h) İyice kızarana kadar 20 dakika pişirin.

79. Etiyopya yassı ekmek (injera)

Verim: 15 porsiyon

Bileşen

- 3 su bardağı Kendiliğinden kabaran un

- $\frac{1}{2}$ su bardağı Tam buğday unu

- $\frac{1}{2}$ su bardağı Mısır unu veya masa harina

- 1 yemek kaşığı Aktif kuru maya

- $3\frac{1}{2}$ su bardağı ılık su

Talimatlar

a) Karıştırın ve üstü kapalı büyük bir kapta, hamur kabarıp gergin hale gelene kadar bir saat veya daha uzun süre bekletin. 3-6 saat kadar oturabilir.

b) Hazır olduğunda, sıvı dibe çökmüşse hamuru karıştırın. Daha sonra 2 su bardağı harcı $\frac{1}{2}$ - $\frac{3}{4}$ su bardağı su ile incelterek blenderdan geçirin. Hamur oldukça ince olacak.

c) Yağsız yapışmaz tavada orta veya orta-yüksek ısıda pişirin.

d) 12 inçlik bir tava için injera başına $\frac{1}{2}$ fincan meyilli veya 10 inçlik bir tava için ⅓fincan meyilli kullanın.

e) Hamuru ısıtılmış tavaya dökün ve meyilli mümkün olduğunca ince yaymak için tavayı hızlıca döndürün. Hamur $\frac{1}{8}$ inçten daha kalın olmamalıdır. Dönme. Injera kolayca yapışmaz veya yanmaz.

f) Her tarafında baloncuklar belirdiğinde pişmiş demektir.

g) Her bir injerayı bir veya iki dakika temiz bir havlu üzerine koyun, ardından sıcak tutmak için kapalı bir tabağa koyun.

80. İtalyan yassı ekmek (focaccia)

Verim: 1 Porsiyon

Bileşen

- $2\frac{1}{2}$ su bardağı Çok Amaçlı Un; 3 C'ye

- $2\frac{1}{4}$ yemek kaşığı Aktif Kuru Maya; Veya Hızlı Yükseliş Evet

- 1 yemek kaşığı Şeker

- 1 yemek kaşığı Tuz

- 1 su bardağı Ilık Su

- 1 yemek kaşığı Yağ

- $\frac{1}{2}$ su bardağı doğranmış soğan

- 2 yemek kaşığı Tereyağı veya margarin

- $\frac{1}{4}$ yemek kaşığı Şeker

- $\frac{1}{8}$ yemek kaşığı Tuz

Talimatlar

a) Büyük karıştırıcı kabında $1\frac{1}{2}$ c'yi birleştirin. un, maya, 1 T. şeker ve 1 t.

b) tuz; iyice karıştırın. Un karışımına su ve yağ ekleyin. Nemlenene kadar düşük hızda karıştırın; 3 dakika orta hızda çırpın.

c) Elle, sert bir hamur yapmak için yeterli miktarda kalan unu yavaş yavaş karıştırın. Unlu yüzeyde 5 ila 8 dakika yoğurun, gerektiği kadar un ekleyin. Yağlanmış kaseye alın, üstü yağlanacak şekilde çevrilir. Örtmek; yaklaşık 40 dakika (Quick Rise maya için 20 dakika) ılık bir yerde mayalanmaya bırakın.

d) Soğan tepesini hazırlayın. Küçük bir tavada, soğanı yumuşayana kadar tereyağında soteleyin.

e) ⅓t karıştırın. şeker ve ⅛t. tuz.

f) Hamuru yumruklayın. Hafifçe unlanmış yüzeyde hamuru top haline getirin.

g) Yağlanmış çerez kağıdına yerleştirin. 10 inçlik bir daireye düzleştirin. Masa bıçağıyla, hamurdan yaklaşık 1 inç kenardan bir daire kesin, neredeyse çerez kağıdına kadar kesin. Çatal ile delme merkezi. Pişen hamurun üzerine soğan sosunu yayın.

h) Örtmek; yaklaşık 30 dakika (Hızlı Yükseltme için 15 dakika) ılık bir yerde mayalanmaya bırakın. 375 derecede pişirin. altın kahverengi olana kadar 25 ila 30 dakika.

tortilla

81. Mavi mısır ekmeği

Verim: 4 porsiyon

Bileşen

- $1\frac{1}{2}$ fincan Mavi mısır unu

- $1\frac{1}{2}$ su bardağı Kaynar su

- $\frac{3}{4}$ ila 1 su bardağı çok amaçlı un

Talimatlar

a) Mavi mısır, Hopi ve Pueblo Kızılderilileri tarafından yetiştirilen birçok farklı mısır çeşidinden biridir. Rengi griden maviye neredeyse siyaha kadar değişir ve ekmeklerde, köftelerde, soslarda ve içeceklerde kullanılır. Mavi mısır ekmeği geleneksel olarak aşağıdaki gibi tuzsuz yapılır, çünkü tuzun mavi mısırın tam ama ince tadını maskelediği düşünülür.

b) Bu ekmeği yemesi yumuşak ve hiç de sert değil. Biraz buğday unu içerdiklerinden, işlenmesi de nispeten kolaydır; Onları elle patlatabilir, ardından gerekirse eşit kalınlıkta yuvarlayabilirsiniz. Sıcak yağsız bir tavada çabucak pişirilirler, daha sonra yenmeye hazır olana kadar yumuşak ve sıcak kalması için bir havluya sarılırlar.

c) Orta boy bir kaseye, en az 8 inç çapında bir kalbur veya ağır tavaya ve bir oklavaya ihtiyacınız olacak.

d) Mısır ununu bir kaseye koyun ve üzerine kaynar su dökün. İyice karıştırmak için karıştırın. On beş dakika oturalım. Yarım bardak çok amaçlı unu karıştırın. Bu karışımı $\frac{1}{4}$ su bardağı un serpilmiş ekmek tahtasına alın. $\frac{1}{4}$ fincan unu hamura ekleyerek 2 ila 3 dakika yoğurun (ve gerekirse biraz daha kullanın). Hamur yumuşak olacak ama hiç güçlü olmayacak. Hamuru kaseye geri koyun ve üzerini örtün. 30 dakika dinlenmeye bırakın. Hamuru sekiz parçaya bölün.

e) İyice unlanmış avuç içi arasında, sekizin her birinden yassı yuvarlak köfteler yapın ve bir kenara koyun. İlk tortillayı pişirmeden önce ızgarayı orta ateşte ısıtın.

f) İyice unlanmış bir yüzeyde (hamur oldukça yapışkan olduğundan), bir tortillayı yaklaşık 7 ila 8 inç çapa gelene kadar dikkatlice açın. (Hamuru önce parmaklarımızla ya da avuçlarımızın arasında açmanın en kolayı, daha sonra tortillayı sadece kalınlıkta homojen hale getirmek için açmanın en kolay yolu).

g) Tortillayı bir buğday tortillası gibi pişirin, her iki tarafta yaklaşık bir dakika. Ekmeği her iki tarafta kahverengi ile benekli olacaktır. Pişirildiğinde, çıkarın ve bir mutfak havlusuna sarın. Birini diğerinin üzerine istifleyin.

250

82. Peynir ve mısır ekmeği

Verim: 6 Porsiyon

Bileşen

- 16 ons az yağlı süzme peynir
- 1 su bardağı konserve çekirdek mısır
- 6 ons Rendelenmiş, yağı azaltılmış çedar peyniri
- $\frac{1}{4}$ fincan Dilimlenmiş yeşil soğan
- 2 yemek kaşığı doğranmış taze kişniş
- $\frac{1}{4}$ çay kaşığı Meksika baharatı
- 6 Un ekmeği (6")
- $\frac{1}{2}$ su bardağı Salsa

Talimatlar

a) Fırını 350'ye önceden ısıtın Gres 9 x 13 inçlik fırın tepsisi İlk 6 malzemeyi karıştırın, ancak $\frac{1}{2}$ fincan çedar peyniri koyun

b) Salsa ve kalan $\frac{1}{2}$ su bardağı çedar peyniri ile birlikte 350 derecede 30 dakika pişirin

83. Mısır ekmeği

Verim: 12 porsiyon

Bileşen

- 2 su bardağı Mısır Unu Tortilla Karışımı
- $1\frac{1}{4}$ su bardağı Su; Ilık

Talimatlar

a) Tortilla karışımını ve suyu, tortilla karışımının tamamı ıslanıncaya ve hamur kasenin kenarını temizleyene kadar elinizle karıştırın. Nemli havluyla örtün; 10 dakika dinlenmeye bırakın. Hamuru 12 1 inçlik toplara bölün. Her tortilla için mumlu kağıt kare üzerine 1 top koyun; hafifçe düzleştirin.

b) Başka bir mumlu kağıt kare ile örtün. 6 inçlik daireye yuvarlayın. Üst mumlu kağıt kareyi soyun. Yağsız bir tava veya ızgarayı orta-yüksek ateşte sıcak olana kadar ısıtın.

c) Tortillayı yağlı kağıt yüzü yukarı gelecek şekilde tavaya koyun. 30 saniye pişirin; mumlu kağıdı hemen çıkarın. Tortillayı yaklaşık 1 dakika kenarda kuruyana kadar pişirmeye devam edin. Çevirin ve diğer tarafı kuruyana kadar yaklaşık 2 dakika pişirin. tortillaları aralarına mumlu kağıt koyarak istifleyin. Nemli havluyla örtün.

84. Yağsız un ekmeği

Verim: 12 ekmeği

Bileşen

- 4 su bardağı Çok amaçlı un

- 2 çay kaşığı kabartma tozu

- $1\frac{1}{2}$ çay kaşığı Tuz

- 4 yemek kaşığı yağsız mayonez

- $1\frac{1}{4}$ su bardağı sıcak su

Talimatlar

a) Büyük bir kapta un, kabartma tozu ve tuzu birleştirin. İyice karıştırın. Yağsız mayonez ekleyin ve hamur karıştırıcısı (veya çatal) kullanın ve un karışımı kaba görünene kadar karıştırın.

b) Sıcak su ekleyin ve iyice karıştırın. Ekstra unla yoğurun. Örtün ve 10 dakika bekletin.

c) Demir ızgarayı orta ila orta-yüksek ısıya ayarlayın. Hamurdan bir parça koparın, yuvarlayın (yaklaşık $2\frac{1}{2}$").

d) İyice unlanmış bir tahta üzerinde, yaklaşık 6" çapında mümkün olduğunca ince ($\frac{1}{8}$" kalınlığından daha az) dairesel düz bir forma hamur açın. Hamur yapışkansa daha fazla un ekleyin. Tortillayı ısıtılmış ızgara üzerine koyun ve hafifçe kabarmasına izin verin. yaklaşık 1-2 dakika ısıtın.

e) Tortillayı çevirin ve diğer tarafı yaklaşık 1 dakika daha uzun süre kızartın. Tortilla farklı noktalarda kızardıysa ve hamur kıvamında değilse işlem tamam demektir.

85. Ev yapımı unlu tortilla

Verim: 1 porsiyon

Bileşen

- 5 su bardağı Un

- 3 çay kaşığı Kabartma tozu

- 2 çay kaşığı Tuz

- $\frac{1}{4}$ su bardağı sıvı yağ

- $2\frac{1}{4}$ su bardağı sıcak su

Talimatlar

a) Bir ızgarayı veya ağır tavayı orta ateşte önceden ısıtın. Büyük bir kapta un, kabartma tozu, tuz ve yağı karıştırın.

b) Bu karışımı yaklaşık 1 dakika çalıştırın. Yumuşak bir hamur elde edene kadar azar azar sıcak suyu ilave edin. Hamur sıkı ve elastik olmalıdır; eğer yapışkansa biraz daha un ekleyin.

c) Üzerini örtüp 5 dakika dinlenmeye bırakın. Hamuru yaklaşık $2\frac{1}{2}$ inç çapında düz, kalın toplar haline getirin. Bir merdane ile yaklaşık 6 inç çapında daireler oluşturarak teker teker açın. Sadece bir tarafta yuvarlayın; Hamuru çevirmeyin yoksa yapışkan olur.

d) Her daireyi, kahverengileşmeye başlayana kadar birkaç saniye sıcak ızgaraya yerleştirin. Diğer tarafı çevirin ve kahverengileştirin. Tortillaları üst üste koyun. Kalburu yağlamayın.

e) Pişirirken ekmeği çevirmek için bir spatula veya parmak kullanın.

86. Az yağlı tortilla cipsleri

Verim: 48 cips

Bileşen

- Sebze pişirme spreyi
- 8 6-un veya mısır ekmeği
- Tuz, tercih.
- Sarımsak tozu, tercih.
- Biber tozu, tercih.

Talimatlar

a) fırın tepsilerini spreyle püskürtün. her tortillayı altı kamaya kesin; kamaları fırın tepsisine tek sıra halinde dizin. pişirme spreyi ile hafifçe püskürtün, ardından tuz, sarımsak tozu veya biber tozu ile tatlandırın.

b) önceden ısıtılmış 350degF fırında 10 ila 12 dakika pişirin. veya gevrek olana kadar.

87. İspanyol Tortillası

Verim: 6 porsiyon

Bileşen

- 3 adet soyulmuş ve dilimlenmiş patates

- 4 Orta boy yumurta

- 4 yemek kaşığı Zeytinyağı

- tatmak için tuz

Talimatlar

a) Yağı tavada ısıtın, ısıyı azaltın ve patatesleri oldukça yumuşak olana kadar yavaşça soteleyin. Kaşık veya metal spatula ile sık sık çevirin ve "dilimleyin".

b) Hiçbir şeyin yapışmaması için tavayı kazıyın. Pişmiş patatesleri kaseye alın, hafifçe çırpılmış yumurta ve tuzu ekleyin, hafifçe karıştırın ve tavaya geri dönün (eğer yoksa biraz yağ ekleyin). Kabarcıklar görünmeye başlayana veya yarı pişmiş görünene kadar yavaşça pişirin.

c) Gerekirse spatula ile tavadan gevşetin. Üzerine bir tabak koyun, tortillayı tavaya çevirin ve diğer tarafını pişirmek için tavaya kaydırın. Bittiğinde sağlam olmalıdır. Aynı şekilde tavadan çıkarın.

88. Tam buğday ekmeği

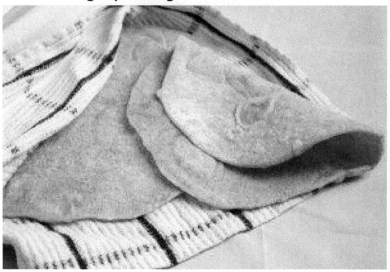

Verim: 6 porsiyon

Bileşen

- $\frac{1}{2}$ su bardağı tam buğday ekmeği unu

- $\frac{1}{2}$ su bardağı tam buğday unu

- $\frac{1}{4}$ çay kaşığı Tuz

- $1\frac{1}{2}$ çay kaşığı Susam yağı

- $\frac{1}{2}$ su bardağı Sıcak su

- İlave un/yoğurma

Talimatlar

a) Orta boy bir kapta unları ve tuzu karıştırın. Üzerine sıvı yağ gezdirip çatal yardımıyla eşit şekilde dağıtın. Su ekleyin ve bir hamur oluşturmak için karışımı karıştırın.

b) Hamuru hafifçe unlanmış bir zemine alıp üzerini bir bezle örtün. Kaseyi yıkayın ve hafifçe yağlayın.

c) Hamuru iyice yoğurun, hamurun yapışmasını önlemek için sadece gerektiği kadar yoğurma yüzeyine hafifçe un serpin.

Hamur pürüzsüz ve esnek olduğunda, bir top haline getirin, kaseye geri dönün ve nemli bir havlu ve tabakla örtün.

d) Hamuru 6 eşit topa bölün. Bir topla çalışırken diğerlerini kapalı tutun. Bir oklava ile, her bir topu 9 ila 10 inç çapında bir daireye yuvarlayın. Mumlu kağıt ve kapak arasında istifleyin.

e) Su cızırdayana kadar yağlanmamış ancak iyi hazırlanmış bir kalbur ısıtın.

f) Tavaya bir tortilla koyun ve alt kısmı hafifçe kızarana ve yüzeyde kabarcıklar görünene kadar 20 saniye pişirin. Çevirin ve 15 ila 20 saniye daha pişirin - tortilla hala yumuşak ve esnek olmalıdır.

g) Hemen bir bez havluya sarın ve ters çevrilmiş bir kaseyle örtün.

h) Kalan tortillaları da aynı şekilde pişirin ve sarın. Sıcak servis yapın.

MISIR EKMEĞİ

89. Appalachian mısır ekmeği

Verim: 6 Porsiyon

Bileşen

- 1 fincan çok amaçlı un

- 1 su bardağı Mısır unu

- 2 yemek kaşığı Şeker

- 4 çay kaşığı Kabartma tozu

- 1 çay kaşığı Tuz

- 1 su bardağı Süt

- $\frac{1}{4}$ su bardağı sıvı yağ (Büyükanne eritilmiş domuz yağı kullandı)

- 1 yumurta; hafifçe dövülmüş

Talimatlar

a) 8x8'lik bir tavayı (veya dökme demir tavayı) bolca yağlayın ve siz ekmeği karıştırırken ısınması için fırına koyun.

b) Orta kasede un, mısır unu, şeker, kabartma tozu ve tuzu birleştirin.

c) Kalan malzemeleri karıştırın, SADECE iyice karışana kadar elle çırpın.

d) Hamuru sıcak, hazırlanmış tavaya dökün. 18-22 dakika ya da ortasına batırdığınız kürdan temiz çıkana kadar pişirin.

e) Kare kare kesip sıcak servis yapın.

90. mavi mısır ekmeği

Verim: 1 tava

Bileşen

- 1 su bardağı Mavi mısır unu

- 1 fincan çok amaçlı un

- 3 yemek kaşığı Şeker

- 2 çay kaşığı kabartma tozu

- $\frac{1}{2}$ çay kaşığı Tuz

- 5⅓yemek kaşığı tuzsuz tereyağı, yumuşatılmış

- 1 yumurta

- 1$\frac{3}{4}$ su bardağı Süt

Talimatlar

a) Fırını önceden 325 derece F'ye ısıtın. 9-X-13 inçlik bir fırın tepsisini veya 2 adet mısır kalıbı tepsisini yağlayın.

b) Büyük bir kapta mısır unu, un, şeker, kabartma tozu ve tuzu karıştırın.

c) Ayrı bir kapta tereyağı, yumurta ve sütü karıştırın.

d) Islak malzemeleri yavaş yavaş kuru malzemelere karıştırın. İyice karıştırın.

e) Hamuru hazırlanan tavaya dökün ve dikdörtgen bir fırın tepsisi kullanıyorsanız 25 ila 30 dakika veya mısır çubuğu tavaları kullanıyorsanız 15 ila 20 dakika kadar pişirin.

91. peynirli mısır ekmeği

Verim: 18 porsiyon

Bileşen

- 3 su bardağı Taş öğütülmüş sarı mısır unu

- 3 su bardağı Ağartılmamış un

- $2\frac{1}{2}$ yemek kaşığı Kabartma tozu

- 2 yemek kaşığı Şeker

- $1\frac{1}{2}$ çay kaşığı Tuz

- 5 Yumurta

- $\frac{3}{4}$ su bardağı Aspir veya mısır yağı

- $3\frac{1}{2}$ su bardağı ayran

- 2 su bardağı çedar peyniri keskin, rendelenmiş

Talimatlar

a) Bir karıştırma kabında mısır unu, un, kabartma tozu, şeker ve tuzu birleştirin; iyice karıştırın. Yumurtaları yağ ve ayranla ayrı ayrı çırpın.

b) Peynirli mısır unu karışımına ekleyin, sadece tüm malzemeleri iyice karıştırmaya yetecek kadar karıştırın. İki adet 8 x 12" yağlanmış fırın tepsisine kaşıkla.

c) Önceden ısıtılmış 425 derecelik fırında 20 ila 25 dakika ya da mısır ekmeğinin kenarları kahverengileşip sertleşinceye kadar pişirin. Kare kare kesip sıcak servis yapın.

92. Karayip habanero mısır ekmeği

Verim: 9 Porsiyon

Bileşen

- 1 su bardağı sarı mısır unu
- 1 su bardağı Un; çok amaçlı
- 1 yemek kaşığı Şeker
- 2½ çay kaşığı Kabartma tozu
- ½ çay kaşığı Tuz
- ¼ su bardağı Salata yağı
- 1 büyük yumurta
- 1 kutu Kremalı mısır; (8 1/2 oz.)
- ½ su bardağı sade az yağlı yoğurt
- ½ su bardağı Monterey peyniri; parçalanmış
- 2 yemek kaşığı Habanero chiles; kıyılmış
- 2 yemek kaşığı Anaheim acı biber; kıyılmış

Talimatlar

a) Büyük bir kapta mısır unu, un, şeker, kabartma tozu ve tuzu birleştirmek için karıştırın.

b) Yağ, yumurta, mısır, yoğurt, peynir, habaneros ekleyin ve malzemeler eşit şekilde nemlenene kadar karıştırın.

c) Yağlanmış 8 inçlik kare bir tavaya meyilli dökün. 375 F. fırında ekmek altın sarısı olana kadar pişirin ve tava kenarlarından çekmeye başlayın, 30-35 dakika.

93. havuçlu mısır ekmeği

Verim: 9 porsiyon

Bileşen

- 1 su bardağı Un, çok amaçlı

- 1 su bardağı Mısır unu

- $\frac{1}{4}$ su bardağı Şeker

- 3 çay kaşığı Kabartma tozu

- 1 çay kaşığı Tuz

- $\frac{1}{4}$ fincan Tereyağı, yumuşatılmış

- 1 yumurta; dövülmüş

- 2 orta boy Havuç; soyulmuş ve rendelenmiş

- 1 su bardağı ayran

Talimatlar

a) İlk 5 malzemeyi eleyin; karışım karışana kadar tereyağında kesin. Kenara koyun.

b) Yumurta, havuç ve ayranı birleştirin; mısır unu karışımına ekleyin, iyice karıştırın.

c) Hamuru hafifçe yağlanmış 9 inçlik kare bir fırın tepsisine dökün. 425 derecede 20 dakika veya hafifçe kızarana kadar pişirin. Hafifçe soğutun; servis için kareler halinde kesin.

94. brokoli mısır ekmeği

Verim: 18 porsiyon

Bileşen

- 2 Kutu Jiffy mısır ekmeği karışımı

- 1 Kutu dondurulmuş doğranmış brokoli

- 4 Yumurta, çırpılmış

- $\frac{1}{2}$ su bardağı doğranmış soğan

- $\frac{3}{4}$ su bardağı süzme peynir

Talimatlar

a) Boş mısır ekmeği karışımını karıştırma kabına alın. Çözülmüş brokoli, yumurta, soğan ve süzme peyniri ekleyin.

b) Tüm malzemeler birleşene kadar kaşıkla karıştırın.

c) Yağlanmış 9" x 13" tabağa dökün.

d) 400 derecede önceden ısıtılmış fırında 30 dakika veya üstü hafif kızarana kadar pişirin.

95. fesleğenli mısır ekmeği

Verim: 16 porsiyon

Bileşen

- 1 su bardağı Mısır unu

- 1 su bardağı Ağartılmamış un

- 2 yemek kaşığı Toz şeker

- 4 çay kaşığı Kabartma tozu

- $\frac{3}{4}$ çay kaşığı Tuz

- $\frac{1}{4}$ çay kaşığı Karabiber

- 1 Yumurta beyazı, çırpılmış

- 1 su bardağı Yağsız süt

- $\frac{1}{4}$ fincan elma püresi

- 3 yemek kaşığı fesleğen

Talimatlar

a) Fırını 350 derecede önceden ısıtın.

b) Pişirme spreyi ve un içeren 8 inçlik kare bir fırın tepsisi hazırlayın. Bir karıştırma kabında mısır unu. un, şeker, kabartma tozu, tuz ve biberi birleştirin. Başka bir karıştırma kabında yumurta akı, süt, elma püresi ve fesleğeni birleştirin. Karıştırın sadece nemlendirilene kadar ıslak malzemelerle kuru malzemeler.Hazırlanan tavaya meyilli yayın.

c) 18 ila 22 dakika veya üstü açık altın rengi olana kadar pişirin.

96. Temel mısır ekmeği

Verim: 8 Porsiyon

Bileşen

- 2 su bardağı Mısır unu

- ½ su bardağı Tam buğday unu

- ⅓su bardağı Yulaf unu

- ⅓su bardağı Darı unu

- 4 çay kaşığı Kabartma tozu

- 2 su bardağı pirinç sütü

- 4 yemek kaşığı Dondurulmuş elma suyu

- konsantre, çözülmüş

- 3 çay kaşığı Yumurta Değiştirici, 4 yemek kaşığı su ile iyice dövülmüş

Talimatlar

a) Fırını 375 dereceye ısıtın. Mısır unu, un ve kabartma tozunu karıştırıp kenara alın. Kalan malzemeleri karıştırın ve kuru malzemelerin üzerine dökün. Kısaca birlikte katlayın. Yapışmaz 8 inçlik kare bir tavaya dökün.

b) 30 dakika ya da ortasına batırdığınız kürdan temiz çıkana kadar pişirin.

97. Şili peynirli mısır ekmeği

Verim: 16 porsiyon

Bileşen

- 1 su bardağı sarı mısır unu

- 1 fincan çok amaçlı un

- 1 yemek kaşığı (artı 1 çay kaşığı) Kabartma tozu

- $\frac{1}{4}$ çay kaşığı Tuz

- $\frac{1}{4}$ su bardağı Yağsız kuru süt tozu

- 1 yemek kaşığı Şeker

- 1 su bardağı Su

- $\frac{1}{2}$ su bardağı Dondurulmuş yumurta yerine, çözülmüş

- 2 yemek kaşığı Bitkisel yağ

- $\frac{3}{4}$ su bardağı (3 oz.) SAĞLIKLI SEÇİM Yağsız Kaşar Parçaları

- 1 kutu (4 oz.) Doğranmış yeşil biberler süzülmüş

- Sebze pişirme spreyi

Talimatlar

a) İlk 6 malzemeyi orta boy bir kapta birleştirin; karışımın ortasında bir kuyu yapın.

b) Su, yumurta ikamesi ve yağı birleştirin; sadece nemlenene kadar karıştırarak kuru malzemelere ekleyin.

c) Peynir ve yeşil biberleri karıştırın, hamuru pişirme spreyi ile kaplanmış 8 inçlik kare bir fırın tepsisine dökün. 375 derecede 30 dakika veya altın rengi olana kadar pişirin.

98. Karabiberli mısır ekmeği

Verim: 12 Porsiyon

Bileşen

- 1 pint Sarı mısır unu

- 1 pint Çok amaçlı un

- $\frac{1}{4}$ su bardağı Şeker

- 3 yemek kaşığı Kabartma tozu

- 2 çay kaşığı Tuz

- $\frac{1}{4}$ su bardağı taze çekilmiş karabiber

- 1 bardak Süt

- 4 orta boy Yumurta; iyi dövülmüş

- $\frac{1}{4}$ su bardağı eritilmiş tereyağı

Talimatlar

a) Fırını 400 ° F'ye ısıtın: 2 inç yüksekliğinde kenarları olan 8 inçlik kare tavayı tereyağı.

b) İlk 6 malzemeyi büyük bir kapta karıştırın.

c) Sütü yumurta ve eritilmiş tereyağı ile küçük bir kapta karıştırın. Süt karışımını kuru malzemelerin üzerine dökün ve nemlenene kadar karıştırın: fazla karıştırmayın. Hazırlanan tavaya meyilli kaşık.

d) Açık kahverengi olana kadar mısır ekmeği pişirin ve test cihazı temiz çıkıyor, yaklaşık 25 dakika.

e) Tavada serin mısır ekmeği. Mısır ekmeğini kırıp ufalayın, fırın tepsisine yayın ve doldurmadan önce 24 saat kurumaya bırakın.

99. Siyah tavada mısır ekmeği

Verim: 1 Porsiyon

Bileşen

- 1 yumurta, hafifçe dövülmüş
- 2 turşu Jalapenos, kıyılmış
- 1 su bardağı ince mısır unu
- 1 su bardağı un
- 1 yemek kaşığı şeker
- 1 çay kaşığı kabartma tozu
- $\frac{1}{2}$ çay kaşığı kabartma tozu
- tuz
- 1 su bardağı ayran
- $\frac{1}{2}$ fincan donmuş mısır - çözülmüş
- 1 su bardağı rendelenmiş portakal çedar peyniri
- 2 yemek kaşığı eritilmiş tereyağı

Talimatlar

a) Fırını 375 dereceye ısıtın. 9 - 10 inçlik dökme demir tavayı veya 9 inçlik kare tavayı yağlayın.

b) Büyük bir kapta mısır unu, un, şeker, kabartma tozu, kabartma tozu ve tuzu birleştirin.

c) Sıvı 2 bardak veya küçük bir kapta, yumurtayı ve ayranı karıştırın.

d) Ayran karışımını kuru malzemelerle karıştırın. Mısır, $\frac{1}{2}$ su bardağı Cheddar peyniri ve kıyılmış Jalapenos ekleyin.

e) Eritilmiş tereyağında karıştırın ve hafifçe karıştırın. Hamuru hazırlanan tavaya dökün ve kalan kaşar peyniri ile doldurun. 20-25 dakika ya da parçalanana kadar pişirin ve batırdığınız bıçak temiz çıkıyor.

f) 5 dakika soğumaya bırakın ve tavadan soğutma rafına alın.

100. Appalachian mısır ekmeği

Verim: 6 Porsiyon

Bileşen

- 1 fincan çok amaçlı un

- 1 su bardağı Mısır unu

- 2 yemek kaşığı Şeker

- 4 çay kaşığı Kabartma tozu

- 1 çay kaşığı Tuz

- 1 su bardağı Süt

- $\frac{1}{4}$ su bardağı sıvı yağ (Büyükanne eritilmiş domuz yağı kullandı)

- 1 yumurta; hafifçe dövülmüş

Talimatlar

g) 8x8'lik bir tavayı (veya dökme demir tavayı) bolca yağlayın ve siz ekmeği karıştırırken ısınması için fırına koyun.

h) Orta kasede un, mısır unu, şeker, kabartma tozu ve tuzu birleştirin.

i) Kalan malzemeleri karıştırın, SADECE iyice karışana kadar elle çırpın.

j) Hamuru sıcak, hazırlanmış tavaya dökün. 18-22 dakika ya da ortasına batırdığınız kürdan temiz çıkana kadar pişirin.

k) Kare kare kesip sıcak servis yapın.

ÇÖZÜM

Bir fırıncının amacı, nispeten tatsız bir un nişastasını tatlı, çok katmanlı bir tada dönüştürmek veya tüm ekmek yapım aşamalarında zaman ve sıcaklığın nasıl manipüle edileceğini anlarken tahıldan en yüksek lezzet potansiyelini uyandırmaktır. Fırıncının elleri, gözleri, kulakları, kokusu, duyuları, yaratıcı dokunuşları ve deneyimi de herhangi bir tarifin nihai başarısında rol oynar.

Evde ekmek yapmak geleneksel olarak tüm ev hanımlarının bildiği bir beceri olmuştur. Bu günlerde o kadar popüler değil, ancak başlamak hiç bu kadar kolay olmamıştı! Sizin ve aileniz için lezzetli ekmek yapabilmek, ciddi anlamda ödüllendirici ve sağlıklı bir hobidir. Aynı zamanda öğrenmeye devam ettiğiniz bir şeydir. Asla çok fazla bilgi yoktur ve deneyimli profesyonel fırıncılar bile her gün öğrenirler.

CPSIA information can be obtained
at www.ICGtesting.com
Printed in the USA
BVHW011213120922
646800BV00011B/290

9 781837 620104